DU MÊME AUTEUR

Aux éditions Salvator:
Repères éthiques pour un monde nouveau, 1982, 166 p. (traduit en italien, portugais, espagnol)
Les péchés, que peut-on en dire? 1983, 80 p. (traduit en italien, espagnol, anglais)

Aux éditions Mame:
Vie sexuelle et vie chrétienne, 1982, 64 p. (traduit en italien)

Aux éditions du Cerf:
Homosexualités masculines et morale chrétienne, 1985, 326 p.

Aux éditions du Centurion:
La bioéthique, début et fin de vie, 1989, 126 p.

AUX ÉDITIONS SALVATOR

Jean-Marie PETITCLERC
- Eduquer aujourd'hui pour demain
- Respecter l'enfant
  réflexion sur les droits de l'enfant.

Michel LEGRAIN
- Questions autour du mariage
  Permanences et mutations.

Jean VERNETTE
- Occultisme – Magie – Envoûtements
- Réincarnation – Résurrection
  Communiquer avec l'Au-Delà
  Les mystères de la Vie après la vie.

XAVIER THÉVENOT

SOUFFRANCE
BONHEUR
ÉTHIQUE

Conférences spirituelles

ÉDITIONS SALVATOR
1990

Imprimatur : Strasbourg, le 16 janvier 1990
A. KIEFFER, Vicaire Général

ISBN 2-7067-0154-4

Liminaire

On trouvera rassemblés ici quatre textes, issus de conférences données à des publics très larges : laïcs engagés dans des mouvements, prêtres, religieuses, conseillères conjugales, assemblées paroissiales. Ces conférences légèrement remaniées en vue de l'écriture gardent cependant le style direct de l'exposé oral. Elles ne prétendent pas faire le tour des problèmes qu'elles abordent, mais cherchent à baliser la quête de Dieu en des domaines où celle-ci est particulièrement difficile.

Le premier chapitre s'attarde à écouter l'expérience de la personne qui **souffre**. Comment le Dieu de Jésus-Christ, ce « Dieu des vivants », permet-il l'espérance quand on est accablé par une épreuve ?

Le deuxième chapitre essaie à partir d'une lecture d'un texte évangélique de démasquer les pièges que nous tend la quête de bonheur, et de présenter en quoi consiste **la paix** du Christ.

Le troisième chapitre essaie de clarifier le rapport entre le sentiment de culpabilité et la recherche du **pardon** de Dieu.

Le quatrième chapitre montre que **la morale chrétienne,**

si souvent accusée d'être cause de pathologie, est en fait, quand on la comprend bien, source d'une grande liberté.

J'ai écrit ces pages en pensant aux multiples visages de femmes et d'hommes que j'ai vu peiner sur le chemin de la vie. Sans le savoir, ils m'ont beaucoup apporté. Ils m'ont fait découvrir, entre autres, que même dans les plus grandes tempêtes de la vie, le Christ est là marchant humblement avec nous pour nous conduire vers ce « Royaume où il n'y aura plus ni cris, ni larmes » (Ap 21,4).

Xavier Thévenot
Noël 1989

CHAPITRE I

Au cœur de la souffrance : l'espérance

Cette conférence a été prononcée, dans une version abrégée, devant différents publics. Elle ne prétend pas opérer une réflexion très approfondie sur le problème du mal, mais bien plutôt tracer des voies qui peuvent aider à mieux assumer chrétiennement l'expérience de la souffrance[1].

I. LA DIFFICULTÉ DE RÉFLÉCHIR À LA SOUFFRANCE

De nos jours, dès que l'on propose dans un milieu chrétien de réfléchir sur la souffrance, on s'entend objecter la parole du Cardinal Veuillot[2] touché par les souffrances aiguës d'un cancer en phase terminale : « Nous savons

1. On trouvera le texte qui a servi de base à ces pages dans *Don Bosco aujourd'hui,* novembre 1987.
2. Cardinal-archevêque de Paris, décédé en 1968.

faire de belles phrases sur la souffrance. Moi-même j'en ai parlé avec chaleur. Dites aux prêtres de n'en rien dire ; nous ignorons ce qu'elle est, et j'en ai pleuré. » Pour qui a vécu des souffrances intenses, cette parole sonne évidemment très juste. Discours et souffrances ne vont pas ensemble ! Parce que la souffrance, c'est en moi le surgissement de l'inattendu : elle est toujours différente de l'idée que je m'en faisais. C'est aussi l'invasion de ma personnalité par une réalité étrangère, si étrangère que je ne trouve pas de mots pour la décrire ; cela d'autant plus qu'elle semble me « posséder » en partie, m'empêchant de bien penser : « *Je ne suis plus dans mon état normal !* » Alors, le Cardinal Veuillot a bien raison de nous prévenir de la fragilité de toute parole sur la souffrance. Pourtant, à condition de rester humble devant son mystère, je crois qu'il peut être bon de tenter de réfléchir sur elle. Cela peut nous aider à nous protéger des pièges qu'elle nous tend et aussi à tracer quelques chemins pour l'assumer moins mal.

Des souffrances multiples

Mais, au fait, que désigne-t-on quand on parle de *souffrance* ? Ce terme n'est-il pas trop flou pour décrire les multiples maux qui peuvent nous atteindre ? C'est vrai, les manifestations du mal en nous sont nombreuses et fort diverses. Par commodité intellectuelle beaucoup les classent à partir des dimensions de notre personne : le corporel, le psychique, le social et le spirituel qui sont d'ailleurs en intimes relations.

Il y a d'abord les souffrances *physiques* qui proviennent d'une perturbation de nos organes, de troubles physiologiques. Souffrances aux multiples « visages » : douleurs suraiguës qui terrassent littéralement la personne ; troubles chroniques qui n'en finissent pas d'empoisonner l'existence au quotidien et qui aigrissent parfois le caractère ; maladies que l'on sait mortelles ou gravement handicapantes par lesquelles s'infiltrent la peur et le sentiment que l'avenir est « fichu » ; traumatismes venant d'un accident qui installent à vie un handicap grave et modifient du jour au lendemain toute l'existence ; « misères » dues à la vieillesse qui étend peu à peu ses ravages sur toutes choses et conduit à des délabrements du corps, des relations, des capacités intellectuelles ; vieillesse parfois vécue comme un naufrage... Bref, ce corps en lequel nous trouvons le sentiment intérieur de sécurité, voici qu'il « nous lâche », qu'il nous trahit, qu'il installe en nous la douleur, la peur, la non-communication !...

Il y a aussi les souffrances *psychiques*, celles qui dans notre société sont encore considérées comme honteuses ! Souffrances souvent cachées ou du moins vécues en silence qui pourtant nous touchent au cœur de notre vie. Souffrances d'autant plus lourdes que la volonté est parfois atteinte et que l'on ne trouve pas la ressource de les assumer « en beauté ». Souffrances qui se manifestent de façons parfois étonnantes et incompréhensibles pour l'entourage : angoisses sans fondements apparents, obsessions, phobies, troubles sexuels et amoureux ; autant de choses qui finissent par lasser ceux mêmes qui nous aiment et qui amènent un sentiment encore plus grand de solitude. Et puis, il y a les souffrances dépressives si désarçonnantes parce qu'elles enfoncent dans l'incapacité d'y faire face et dans un mal de vivre qui fait d'autant plus honte qu'on a parfois « tout pour être heureux ». Alors nos proches nous disent : « tu n'as qu'à prendre sur toi ! », ce qui enfonce encore un peu plus parce que c'est précisément ce qu'on n'arrive plus à faire ! Et le sentiment d'absurde, de mort intérieure, l'envie d'en finir s'installent peu à peu, menant à des peurs de soi-même!...

Il y a les souffrances d'origine *sociale.* Celles tout d'abord qui prolongent ou causent les souffrances psychiques: souffrances dues au désintérêt de l'autre à mon égard, voire à son abandon. «*Personne ne m'aime, personne n'accepte d'être mon ami(e), tout le monde finit par m'abandonner.*» Et puis les doutes sur soi-même apportés par le chômage qui se prolonge: «*je suis hors jeu, je ne sers plus à rien*»*!* Peurs de l'avenir apportées par l'insécurité financière et la difficulté de faire vivre sa famille. Troubles relationnels dus aux mauvaises conditions de logement et de travail qui finissent par mettre les nerfs à fleur de peau...

Il y a enfin les souffrances d'origine *spirituelle.* Celles qui touchent le chrétien dans sa foi en Dieu. Celles qui surgissent brutalement à la suite d'une épreuve très lourde: mort d'un enfant ou d'un conjoint, grave injustice dont je suis victime et qui font douter que l'homme est bon, que Dieu est bon et même qu'Il existe. Celles qui s'infiltrent tout doucement sans même que j'y prenne garde et, un beau jour, je me «réveille» doutant de tout, doutant du sérieux de ces «vérités de foi» que l'on m'a inculquées depuis ma tendre enfance. Souffrances aussi qui viennent d'une crise de la vocation: je me croyais fermement appelé à telle tâche dans l'Eglise et voici que je n'arrive plus à assumer ce sur quoi j'ai bâti ma vie. J'ai beau faire des efforts, «l'intendance ne suit plus», le dégoût s'infiltre. Dieu apparaît comme un ruisseau trompeur alors que j'ai cru qu'Il était source d'eau vive! Souffrances qui proviennent aussi de mon péché, de ma liberté faussée qui «fait ce qu'elle ne veut pas faire et qui ne fait pas ce qu'elle voudrait faire»...

Triste litanie de souffrances que nous venons de passer en revue, et pourtant litanie qui est loin d'être exhaustive ! Souffrances aux visages hideux et parfois – quel paradoxe ! – fascinants. Qui n'a expérimenté que ce qui le fait souffrir l'attire par moments ? Et qui n'a eu peur de cette attirance ? Comme si la souffrance par l'excès de réactions, de sentiments mélangés qu'elle provoque nous entraînait dans des zones étranges de nous-mêmes, zones qui font peur et qui fascinent, zones que nous avons parfois envie d'explorer. D'où la souffrance tient-elle donc cet étrange pouvoir ?... Mais avant d'aller plus loin dans la réflexion, revenons à notre tentative de classer les souffrances.

Celle-ci ne doit pas nous faire illusion par la séparation qu'elle semble instaurer entre les différentes dimensions corporelle, psychique, sociale, spirituelle de la personne. En réalité, chacune de ces dimensions interfère avec les trois autres et complique l'expérience de la souffrance et la lutte que l'on mène contre elle. Par exemple, si je suis atteint d'une maladie grave et incurable, ma souffrance provient bien sûr des dérèglements physiologiques, mais son intensité changera parfois considérablement en fonction de mon équilibre psychique, des réactions de mon entourage et de la société, et de ma vie spirituelle. C'est pourquoi, face à toute épreuve, je me trouve traversé par des envies contradictoires. D'un côté, je sens bien que pour être efficace, l'action contre ma souffrance devra s'attaquer à la dimension qui est la plus touchée en moi et pour ce faire, j'ai envie le plus souvent de recourir au spécialiste : médecin, psychologue, assistante sociale, directeur spirituel... mais alors j'ai l'impression que l'approche du spécialiste contribue encore à augmenter le morcellement intérieur provoqué déjà par mon épreuve ! D'un autre côté, je sens bien que « je suis tout un », que « ma vie n'est pas coupée en tranches avec d'un côté le corps, de l'autre le psychisme et la foi», aussi ai-je envie qu'on m'accueille globalement avec tout mon mystère intérieur... mais alors je sens bien que cette approche globale de mon être est souvent insuffisante et inefficace et laisse dans l'ombre des problèmes de mon corps ou de mon esprit qu'il faudrait résolument attaquer! Décidément, la souffrance est désarçonnante. Au moment même où je lutte contre elle et spécialement contre la division intime qu'elle amène me voici obligé de prendre acte d'une autre division, celle que provoque la tentative de mettre fin au mal! On le voit, dès que l'on commence à réfléchir au problème du mal, c'est la cassure, la division, la désunion que nous rencontrons sur notre route. Comment dès lors s'imaginer que l'on va pouvoir solutionner vraiment un tel «problème»! Les efforts de classement que font les intellectuels comme s'ils étaient devant un problème de mathématique à résoudre, n'ont-ils pas quelque chose de vain? D'ailleurs, toutes les souffrances, quelles que soient leurs formes multiples, n'ont-elles pas finalement en commun de provoquer tôt ou tard chez celui qui souffre au moins trois types de réactions?

Trois types de réactions

Tout d'abord une sensation d'*étrangeté* à soi-même: «je ne me comprends plus. Je suis autre que ce que j'étais avant de souffrir. C'est comme si, à la limite, j'étais habité par quelqu'un d'autre». La souffrance, quand elle est forte, elle me possède, elle me viole! Je ne suis plus maître chez moi. Et c'est dur de se sentir ainsi «aliéné»... Et pourtant, cette «aliénation», je ne la ressens pas uniquement comme un mal. Je sens qu'au milieu des ténèbres qu'elle provoque, il y a comme une toute petite lumière qui m'invite à un mouvement intérieur. Puisqu'il y a quelque chose d'autre qui m'habite, peut-être puis-je en profiter pour devenir autre, pour accueillir un Autre ? Mais cette lumière est si vacillante devant la puissance de la tempête intérieure que je la perds souvent de vue, que j'ai même envie de ne plus la voir car elle me donne peut-être de faux espoirs. Comme il est dur dans l'épreuve de maintenir les yeux bien ouverts !

Et puis cela conduit à une *solitude extrême* au moment même où, dans un premier temps, mon entourage pense davantage à moi. Qui peut me rejoindre là où mes souffrances me mènent ? Toutes les paroles qui me sont adressées sonnent faux malgré leur volonté d'être chaleureuses ou bienveillantes. Quelque chose est au-delà des mots, au-delà des belles phrases, et parfois même au-delà des gestes ou cadeaux que font les gens pour cacher leur embarras. Alors, je me sens de plus en plus seul. Qui pourra comprendre la résonance en mon corps de telle douleur ? Qui soupçonnera l'ampleur de mon bouleversement intérieur qui me fait tourner et retourner les problèmes dans tous les sens ? Qui pourra deviner l'ampleur du sentiment d'avoir perdu quelque chose de ma personnalité ? Qui pourra écouter la force des remises en question de mes convictions qui s'opèrent en moi et que j'aurais envie de crier à tous ces gens très sûrs d'eux-mêmes ? On a beau me dire que je ne suis pas le seul à être éprouvé, « qu'il y a des souffrances pires que les miennes » (comme si la souffrance des autres atténuait la mienne !), je sais que je suis unique dans cette façon-là de souffrir qu'est *ma* souffrance... Et voilà que je perçois, si je suis bien honnête avec moi-même, que j'en tire stupidement une sorte de fierté intérieure ! Voici que j'ai envie de regarder de haut ceux qui essaient de me comprendre. J'ai même presque envie de leur faire sentir leur impuissance à me soulager, comme si c'était pour moi un moyen de me dire que je peux encore quelque chose sur les autres ! Alors une sorte de fascination par la mauvaise solitude s'exerce, retrouvant en quelque sorte les réflexes de mes bouderies infantiles : pour mieux faire savoir que je veux communiquer, je fais exprès de m'enfermer dans la non-communication. Et je me sens partagé. Un côté de moi-même aspire de toute son espérance à être enfin rejoint par l'autre au cœur de ma détresse. Un autre côté cherche à savourer presque orgueilleusement une solitude chèrement acquise. Qui de mon entourage pourra comprendre la complexité de tout cela ?

Une troisième réaction surgit quand le drame m'atteint, peut-être la plus forte et la plus immédiate : le sentiment que « tout ça c'est bête », que ça n'a *pas de sens*. Comme disent les philosophes, c'est l'expérience de l'absurde. Cela est particulièrement net quand la souffrance surgit brutalement brisant la tranquillité d'une vie paisible et sûre de son bon droit : perte d'un enfant, mort accidentelle d'un conjoint à la force de l'âge, handicap lourd dû à un accident... En un instant la vie bascule. Ce qui paraissait évident dans le quart d'heure d'avant (projets multiples, joies des relations amoureuses...) montre soudain sa fragilité, voire sa vanité. D'ailleurs, même quand la souffrance physique ou psychique s'installe lentement, elle fait également et insidieusement son travail de sape sur les convictions, et un jour là aussi je me retrouve avec la question de l'absurde : c'est complètement insensé ce qui m'arrive ; voici que ce qui faisait ma joie de vivre, mon corps, mes affections, ma famille, ma foi chrétienne, voici que c'est justement cela qui est source de ma souffrance. Toutes mes évidences selon lesquelles l'amour et la foi donnent goût à la vie, sont secouées et peut-être même détruites. Surgissent alors les questions les plus essentielles : devant tant de maux, devant tant d'absurdités, se peut-il que la vie ait un sens ? Est-ce que cela vaut le coup de se battre pour continuer à espérer ? Toutes les dimensions de mon être vont se trouver mobilisées dans les réponses à ces questions : l'intelligence bien sûr mais aussi la sensibilité, l'action, la foi... Alors, si je ne suis pas trop écrasé par le poids de l'épreuve, je commence à chercher des réponses à ces questions dans des livres, chrétiens ou non, ou encore auprès d'amis qui ont déjà réfléchi à tout cela.

Les réponses des penseurs

Dans un premier temps du moins, j'écoute plus attentivement que jamais les discours que l'on tient sur la souffrance. Discours que j'ai d'ailleurs du mal à entendre parce que le plus souvent ils sont tenus par des bien portants. Or ceux-ci éclatent de santé physique ou d'équilibre psychique, de joie de vivre ; ils me sont parfois, malgré eux, une insulte. J'ai tellement l'impression que c'est facile de parler de la souffrance quand on ne souffre pas. Aussi me fais-je particulièrement critique de leurs propos, prenant un malin plaisir à les prendre aux pièges de leurs contradictions ou de leurs simplismes ; eux qui semblent si sûrs de leur fait ! Ils ont tellement l'air de couper la vie en tranches par leurs distinguos subtils, alors que je sens de l'intérieur que l'expérience de la souffrance a simultanément des ramifications dans toutes les zones de ma personne. Mais enfin, dépassant ces premières réactions, je consens à écouter tous ces intellectuels ou ces sages, tous ces philosophes ou théologiens qui ont réfléchi sur ce que certains appellent de façon simpliste le « problème du mal » et d'autres, de façon plus authentique, le « scandale du mal ».

Je perçois alors vite que la plupart des penseurs se mettent d'accord pour distinguer plusieurs types de souffrances qui n'ont pas du tout la même origine et qui, surtout, résonnent tout à fait différemment dans la personne qui cherche à donner sens à sa vie.

Il y a d'abord, disent ces penseurs, la souffrance qui provient des *défaillances de la nature*: maladies, vieillesse pénible, catastrophes naturelles, erreurs humaines involontaires, mort... Devant ces épreuves, les plus résignés disent: « c'est la vie ! » La souffrance apparaît ici comme l'expression inéluctable d'un destin, avec ce que cela a d'absurde. Aussi manque-t-elle rarement de faire surgir la question: pourquoi si Dieu est le Créateur Tout-Puissant et s'il est bon, pourquoi ne fait-il rien contre tout cela?

Il y a ensuite les souffrances qui proviennent de *l'exploitation de l'homme par l'homme,* de l'injustice, du péché. Souffrances qui dépassent parfois en intensité celles provoquées par la nature parce que l'homme est capable d'une liberté perverse qui imagine des supplices raffinés. Ces souffrances, je perçois que la responsabilité immédiate en revient à l'homme et non pas à Dieu et qu'elles convoquent ma responsabilité à se mettre en œuvre contre elles. Elles apparaissent dans un premier temps moins absurdes que les précédentes parce que moins fatales. Mais dans un deuxième temps surgissent à nouveau des questions de fond: comment se fait-il que l'homme soit si mauvais, et se comporte comme un loup pour son prochain? Et que fait donc Dieu devant tant d'injustices? Pourquoi permet-il que la folie meurtrière de l'homme puisse aller jusqu'à organiser des «holocaustes», des génocides? Où est la bonté de Dieu et de l'homme dans tout cela?

Un troisième type de souffrances réside en celles qui *accompagnent* la mise en œuvre d'*un processus de vie.* Par exemple, les souffrances vécues par un malade alcoolique qui se désaliène de l'alcool, les épreuves de deux conjoints qui sont en train de purifier leur amour, les difficiles combats intérieurs provoqués par la quête d'autonomie d'un adolescent. Dans de telles situations, la souffrance est certes rude mais elle apparaît au cœur d'un processus sensé : ça a du sens de se battre pour se libérer. Ce type d'épreuves me fait deviner que le pire des maux consiste à ne plus avoir la possibilité de donner sens à sa vie soit parce que l'avenir est complètement bouché, soit parce que je me sens abandonné de tous.

Un dernier type de souffrances résonne curieusement en celui qui l'éprouve. Il s'agit de la souffrance de *compassion*. Souffrance provenant de l'amour que l'on éprouve envers l'autre qui souffre. Il en est comme si sa souffrance contre laquelle je me bats avec lui, devenait en partie mienne. Cela surtout quand je dois avec lui m'avouer vaincu par la puissance de l'épreuve contre laquelle on ne peut plus rien faire. Il reste alors ce « pâtir commun » qui est entre nous comme une parole de la sensibilité : « tu sais, je ne peux plus rien pour toi, mais je t'aime simplement parce que c'est toi, pour rien en quelque sorte ». Etrange mouvement de la compassion qui retourne la puissance de la souffrance contre elle-même : ce qui enfermait dans l'isolement est devenu moyen de rejoindre l'autre ! L'aiguillon de l'absurde est en partie vaincu ! Mais au prix d'un déssaisissement de ma propre puissance.

Souffrance et fécondité

Ces distinctions entre quatre types de souffrances auxquelles nous invitent les philosophes, même si elles ne résolvent rien sur le fond, évitent – je le sens bien – d'embrouiller les multiples questions et réactions qui s'ébauchent ou s'installent en moi au cœur de mon épreuve.

En les méditant, je crois peu à peu découvrir tout d'abord que l'intensité de la souffrance dépend non seulement des douleurs de mon corps, mais aussi, et peut-être même surtout, des capacités que j'ai de donner du sens à mon épreuve. Si je sens que celle-ci est totalement inutile, ne conduit à rien, ne fait que déstructurer des choses en moi, alors ma souffrance est comme redoublée, m'atteignant aux racines mêmes de mon désir de vivre. Si je perçois au contraire, même de manière fort confuse, que l'épreuve a une certaine utilité, alors quelque chose change dans ma façon de la supporter. Mais s'agit-il vraiment d'*utilité*? Non, je pressens que ce mot qui convient tellement bien au monde des choses, ne rend pas bien compte de ce qui se passe dans telle ou telle de mes épreuves. Alors je lui préfère peu à peu le mot *fécondité* qui d'ailleurs s'installe en moi car il évoque des images de grain qui ne porte du fruit que s'il tombe en terre et meurt, ou encore de femme qui dans les douleurs de l'enfantement pressent déjà quelque chose de sa joie future... Oui, je sens que dans la traversée de certaines souffrances, il y va de ma fécondité. La fécondité c'est ce qui provient de ce que je donne, en ce que cela a de plus intime en moi, mais c'est ce qui n'est pas le fruit de mes calculs mercantiles. La fécondité, c'est ce qui ouvre mon avenir mais aussi ce qui déjoue les prévisions dans lesquelles je prétendais l'enfermer. La fécondité c'est finalement ce qui vient quand j'ai consenti à m'abandonner à un certain mystère, à la présence de celui que j'aime et grâce à qui je peux porter du fruit. Je le sens bien, ma fécondité nécessite mon don inventif, mais plus encore mon lâcher prise, mon abandon à l'avenir et à l'autre, mon désir de faire confiance à la vie et à mon prochain. Oui, quand la confiance en un avenir, grâce à la confiance de mes proches et en mes proches, est possible, alors l'inhumain de mon épreuve semble s'estomper partiellement et la souffrance laisse transparaître timidement une certaine promesse. Ainsi se dessinent peu à peu des voies pour lutter contre l'horrible de l'épreuve : chercher du sens, espérer qu'au-delà du bouleversement intérieur, une certaine fécondité se manifestera et pour cela accueillir la confiance des autres et me fier en eux...

Mais cela est relativement facile quand la souffrance est – comme on dit – à taille humaine ! Mais il est des épreuves physiques, psychiques, relationnelles, spirituelles qui sont de véritables séismes qui ébranlent jusqu'au sol sur lequel je m'appuie d'habitude pour faire face aux problèmes ; ce sol fait de confiance en les autres et en la vie. Voici justement que c'est lui qui me lâche et présente des failles voire des abîmes angoissants. Ces épreuves-là n'ont plus grand-chose à voir avec « les souffrances qui accompagnent un processus de vie ». Je sens qu'elles ont visage de morcellement et de mort, de non-sens total. Celles-là, elles m'atteignent surtout quand je suis gravement victime de l'injustice, quand je suis trompé par ceux en qui je mettais ma confiance : mon conjoint, mon fils, ma fille, mon ami(e). Ou elles fondent sur moi comme des oiseaux de proie surtout quand elles me font pressentir que mon corps va vite vers le délabrement total. Ou encore, elles me saisissent à la gorge assassinant mon espoir lorsque je prends soudainement conscience de la méchanceté des hommes ; devant, par exemple, la répression jusqu'au bain de sang d'un peuple qui quête sa liberté ou lorsque je réalise pleinement la violence aveugle de la nature qui est capable en un instant d'anéantir une population entière. Que répondent donc les philosophes et les théologiens à tout cela ?

Ils ont certes prévu ce genre de choses dans leurs classements des souffrances. Mais vont-ils me dire qu'il y a de la fécondité dans de semblables horreurs ? Comment vont-ils s'y prendre pour « innocenter » Dieu ?

Des réponses de théologiens

Certains croient discerner dans toutes ces souffrances un *juste châtiment divin* à cause des péchés de l'homme. Mais si un Dieu qui sanctionne les fautes des impies peut sembler crédible, comment ne pas voir que la souffrance touche des milliers d'innocents. Comment oser dire à une mère qui souffre de la maladie incurable de son petit enfant ou à un habitant d'un pays pauvre qui en raison de la sécheresse voit son fils mourir de faim, comment oser leur dire que c'est là une punition de Dieu ? Un Dieu qui se conduirait de cette façon serait totalement pervers ! Il faudrait s'empresser de le rejeter.

D'autres penseurs reconnaissent qu'il y a bien sûr des maux injustifiés sur cette terre. Mais, disent-ils, s'ils nous paraissent tels c'est parce que l'on manque de recul pour saisir *la belle harmonie de l'univers* qui se dévoile quand on le regarde dans son ensemble. Les maux sont comme les ombres d'un tableau qui en font mieux ressortir la lumière. Pourtant, qui oserait affirmer à quelqu'un qui est en train de vivre les souffrances aiguës d'un cancer ou à un grabataire qui s'enfonce peu à peu dans le désespoir, ou à un grand dépressif que leurs épreuves sont simplement des ombres destinées à mettre au grand jour la magnifique harmonie du monde ? Dans de tels propos, il y a un refus de voir l'intensité du drame et, en outre, l'on réduit les personnes à des faire-valoir du Créateur, à de purs moyens finalement.

D'autres philosophes-théologiens disent : le mal c'est l'absence d'un bien qui m'est dû. Puisque c'est une absence, il n'a pas de consistance propre, il n'a pas d'être, c'est du *néant*. Il ne saurait donc avoir été créé par Dieu qui crée ce qui existe. Mais pour qui a fait, ne serait-ce qu'une seule fois, l'expérience d'une douleur physique qui taraude le corps à longueur de jour et de nuit, pour qui a expérimenté la détresse d'un amour brisé, un tel raisonnement ne tient pas un seul instant ! Ceux-là savent, en effet, que la souffrance a de la consistance en eux-mêmes. Ils ont même l'impression qu'elle est comme une étrangère qui les possède. Alors, venir leur affirmer que c'est du non-être, leur apparaît comme l'exemple type du discours déconnecté de la vie.

Décidément les réponses les plus classiques des philosophes et des théologiens me laissent toujours l'impression quand je suis en train d'être éprouvé que je suis devant une jonglerie intellectuelle. Comme s'il y avait là un magnifique effort de l'intelligence, mais un effort qui se refuse à voir l'intensité du mal et ce qui en lui résiste à toute tentative de compréhension. Et le plus curieux, c'est que j'ai toujours une partie de moi-même qui se réjouit de cet échec des penseurs. Cela casse leur belle superbe ! Et puis, me dis-je secrètement (presque comme si je m'en félicitais !), cela les fait souffrir et leur fait donc soupçonner quelque chose de ma condition ! D'ailleurs beaucoup de grands philosophes après avoir disserté pendant des pages et des pages sur le mal finissent par s'avouer vaincus et affirment que ce qui est le propre du mal c'est justement qu'il est l'impensable, qu'il est en quelque sorte le tout autre de la pensée ! Le *tout autre* ! Curieusement cette expression a une certaine résonance spirituelle, voire mystique. N'y aurait-il pas à laisser de côté ceux qui manient les concepts et à chercher auprès de ceux qui mettent en pratique la vie spirituelle? Ceux-ci peuvent peut-être me parler à travers la densité de leur expérience de foi.

Les discours spirituels

Alors j'essaie de me remémorer les discours spirituels que j'ai entendus, voire savourés, dans mon enfance et que j'entends encore autour de moi, de la part de chrétiens bien portants et bien intentionnés.

Certains me disent : « *Tu sais, tu souffres, mais dis-toi bien que Dieu éprouve spécialement ceux qu'Il aime. Ton épreuve est un signe de l'amour privilégié qu'Il te porte.* » Bien sûr, je sais que si quelqu'un fait bien son « métier » de père ou de mère, il n'hésite pas à frustrer ses enfants quant à certains de leurs désirs. Il leur ménage même certaines épreuves pour cultiver leur volonté, pour éduquer leur vie relationnelle. Et je sais aussi que Dieu est un Père, un Père authentique pour moi. Lorsque je Le regarde à travers le témoignage de la Parole Biblique, je vois un Dieu qui est un véritable éducateur du désir ; qui loin de céder aux requêtes illusoires de son peuple ou de ceux qui le cherchent, conduit dans des chemins parfois pénibles où on apprend à différer et à purifier ses demandes ; qui loin de se présenter comme La Solution à tout, apprend à poser les bonnes questions ; qui loin de tenir, à l'instar des idoles, des promesses fallacieuses de bonheur facile et immédiat, apprend à marcher lentement dans la responsabilité de l'amour. Oui, j'ai confiance en ce Dieu éducateur. Mais précisément parce que je crois qu'Il est un éducateur authentique, je n'arrive pas à penser que telle épreuve profondément mutilante que je vis me soit envoyée par Lui. Un père, une mère, un éducateur authentiques, frustrent, éprouvent, mais ne mutilent jamais ! Ils savent très bien que telle souffrance loin de structurer leur enfant va l'écraser et lui ôter le goût de vivre. Or il est des douleurs, des souffrances psychiques totalement « déboussolantes », inintégrables. Comment venir dire alors : *« elles sont le signe que Dieu t'aime »*. Stupidité, outrage même à Dieu dont le Fils nous a dit : *« Je suis venu pour que vous ayez la vie en abondance »* et a pu promettre : *« Ma joie, nul ne pourra vous la ravir » !*

Cette première « lecture » spirituelle de certaines de mes souffrances, je ne peux donc que la refuser. Alors se formule une autre lecture qui me laisse aussi très vite dans un malaise intérieur : *« Tu souffres, tu souffres même horriblement. Mais réjouis-toi en Dieu par-delà le mal qui t'accable, car ta souffrance peut être rédemptrice et peut contribuer à sauver le monde. »* Dans un premier temps, ce discours chrétien trouve un profond écho en moi. C'est presque comme une bouée à laquelle je m'accroche. Car au moins ce genre de convictions enlève de l'absurdité à mon mal, lui donne un certain sens, même si c'est un sens que je fais en quelque sorte pénétrer de force dans mon épreuve. Cette réalité si absurde en moi, si insensée – ma souffrance – voici qu'elle peut servir et être féconde. Ce qui en moi est source de désespoir, peut devenir espoir même pour les autres. Quelle beauté du message chrétien !

Seulement, au bout d'un moment, le doute s'infiltre, sapant quelque chose de cette si belle conviction de foi. En effet, si j'excepte les épreuves qui accompagnent en moi un processus de vie, j'expérimente que la souffrance, *en tant que telle,* écrase, isole, déprime, casse les forces de vie ; elle pèse terriblement sur mon entourage ; dans les cas les plus extrêmes, elle me fait même désirer d'en finir avec mes jours. Bref, la souffrance profonde et intense, ça déshumanise ! Alors, comment peut-on dire que ce qui déshumanise est libérateur pour soi et pour les autres, est rédempteur, est en train de contribuer à sauver le monde ? Le cancer de quelqu'un, la maladie grave d'un enfant sont-ils libérateurs pour leur prochain ? Il y a quelque chose d'absurde et même d'horrible, en tout cas, d'offensant envers celui qui souffre à dire des choses pareilles ! Alors, la si belle formule *la souffrance est rédemptrice ou salvifique* m'apparaît dans toute sa fragilité. J'y perçois des côtés pernicieux, parce que j'ai le sentiment qu'elle cherche à dénier la réalité. Mais paradoxalement, j'éprouve comme une certaine difficulté à m'en détacher comme si je pressentais *qu'elle cherchait à dire quelque chose de vrai,* par-delà même les illusions de toute-puissance qu'elle peut me procurer. Ce quelque chose me sera accessible par un effort d'ouverture du cœur.

Un troisième type de discours chrétien m'est souvent proposé : « *Tu souffres ? Alors, offre ce que tu peux offrir : tes souffrances.* » Certes je vois bien l'attitude vraie qui cherche à s'exprimer là : offrir sa vie à Dieu quand bien même elle est défigurée par la souffrance. Mais quand je prête attention à la lettre de cette consigne spirituelle, un malaise surgit de nouveau en moi. Car enfin, qu'est-ce que la souffrance ? C'est le mal, c'est ce qui abîme, ce qui défigure ! Alors, quel est donc ce Dieu, quel serait le Père dont le plaisir serait de recevoir en cadeau ce qui est mal, ce qui est déshumanisant ? Ne serait-ce pas un Dieu pervers ?

Ainsi quand je souffre, il n'est déjà pas facile de donner sens à ma vie, et voici que lorsque courageusement je m'y essaie et me réfère pour cela à l'expérience des spirituels, je trouve sur mon chemin des propos qui me paraissent erronés ou pour le moins piégés. Ce qui était supposé faciliter la reconquête de mon être troublé par le mal, semble finalement la compliquer. Décidément la souffrance perturbe tout ! Essayons donc de mettre en place quelques repères qui pourraient orienter la recherche d'une situation plus humaine et plus évangélique.

II. QUELQUES REPÈRES

1. Prendre conscience des raccourcis de langage

Notre esprit est ainsi fait que pour s'exprimer il utilise ce que j'appelle « des raccourcis de langage », sortes de figures de style qui en un mot ou deux disent ce qui normalement demanderait à être formulé par toute une phrase. Un exemple simple et quotidien de ce type de démarche : *« J'ai écouté les informations sur mon transistor »,* pour dire *« J'ai écouté les informations sur un poste de radio qui contient des transistors. »* Ces raccourcis nous sont si familiers que l'on finit par oublier que ce sont des courts-circuits de parole. Dans la plupart des cas, non seulement ils ne sont pas gênants, mais ils aident à la compréhension du monde et au dialogue interpersonnel. Il arrive même que ces raccourcis par la force des images, des symboles qu'ils véhiculent donnent une puissance aux paroles que celles-ci n'auraient pas si elles étaient plus longues. Il en est comme si la figure de style rayonnait en nous, mobilisant des dimensions de notre personne qui habituellement sont plus ou moins en sommeil. Il faut donc s'attendre à ce que de tels procédés de langage soient couramment employés quand on vient à parler de domaines de l'existence pour lesquels un discours trop rationnel est souvent mal adapté. Tel est bien le cas quand on se met à parler des épreuves de la vie. Aussi les raccourcis ou les courts-circuits de parole sont-ils nombreux dans les propos spirituels sur la souffrance. Ce peut être une chance mais à condition que l'on apprenne à distinguer la lettre du propos et ce qu'il veut dire en fait.

Par exemple, affirmer que *« le Christ nous rachète par ses plaies* (cf. Is 53,5), *ou par sa souffrance »* est un de ces raccourcis. Celui-ci a une puissance *immédiate* de mobilisation de différents harmoniques de ma personne que n'auraient pas des formules plus explicites : les plaies évoquent l'amour qui s'est passionné au point de subir les souffrances de la croix ; le terme *racheter* mis en lien immédiat avec le mot *souffrance* fait saisir en un éclair que la souffrance peut être évangélisée, qu'elle peut être assumée de façon sensée... Bref, une telle figure de style dit beaucoup plus que des discours longs, apprêtés et ennuyeux. Mais, en même temps, elle est grosse de dangers, notamment celui de croire que c'est la souffrance *en tant que telle* qui rachète ! Il faut donc tenter dans un deuxième temps de décrypter la ou les vérités dont la formule imagée et bien ciselée constitue une expression raccourcie. *« Le Christ nous rachète par ses souffrances »* veut dire en fait que le Christ nous sauve, nous libère par **toute sa vie** faite de *foi* radicale en son Père et de confiance en l'homme, d'*espérance* folle en la Promesse de Dieu et en la possibilité de conversion de l'homme, d'*amour* passionné envers le Père et envers l'homme surtout quand celui-ci est perdu et délaissé. Et cette foi, cette espérance, cet amour l'ont amené à des choix de vie qui ont rencontré la résistance des hommes et l'ont ainsi conduit à subir les tourments de la passion et de la croix. Ce qui rachète ou libère, ce n'est pas la souffrance *en elle-même* de Jésus, c'est qu'au cœur de sa souffrance il a su rester un homme pleinement croyant, espérant, aimant.

Ce premier exemple de raccourci de langage nous rappelle qu'il faut tenir contre vents et marées à cette conviction: ce qui rachète ne peut être que ce qui libère et construit la personne. Or la souffrance, en tant que telle, ni ne libère ni ne construit. Elle ne peut donc pas racheter. Par contre ce qui va le faire, c'est la façon dont chacun, *grâce à Dieu, devant Lui, en Lui et avec Lui,* va humaniser sa vie au cœur des souffrances qui l'atteignent et parfois l'accablent.

La consigne spirituelle «*offre tes souffrances*» doit aussi subir une opération de clarification. Comme on l'a dit, la puissance de cette formule est remarquable: elle décentre d'elle-même la personne souffrante et lui fait saisir en un instant que ce qui a goût de mort en elle peut devenir le lieu d'un échange avec Celui qu'elle aime. Mais en même temps elle risque de faire oublier que la joie de Dieu ne saurait consister à recevoir ce qui est mauvais, mais bien à accueillir comme un présent ce qui construit l'homme sous l'effet de Son amour divin reconnu. Le «plaisir» de Dieu, c'est de voir que Sa Présence mystérieuse manifestée en son Fils et par l'action de l'Esprit est capable de permettre à tel homme accablé de lutter contre les forces de désunion que développe la souffrance et de retrouver peu à peu le goût de la vie. Si celui qui souffre a bien quelque chose à offrir dans son épreuve, ce ne sont pas ses misères, ses maladies, ses souffrances – toutes choses qui déplaisent à Dieu comme le montre l'attitude de Jésus dans l'Evangile –, c'est ce travail discret de Dieu en lui. C'est cette découverte étonnante et même parfois émerveillée que si l'on se remet entre les mains de Dieu, la vie peut encore sourdre alors que le mal semble tout submerger. C'est cette lente démarche vers plus d'humilité, de patience, de paix intérieure que permet la douceur de l'Esprit. Alors la personne qui souffre a envie de laisser monter une prière d'action de grâces: «*Je te bénis, Père, pour le don que tu me fais de ne pas être submergé par mes souffrances mais de trouver encore la force de croire, d'espérer, d'aimer.*»

2. Ne pas vouloir trouver LE sens de la souffrance

A entendre certains chrétiens, on pourrait croire que la Foi donne LE sens de la souffrance. Il suffirait d'ouvrir la Bible, de lire attentivement la doctrine de l'Eglise, ou encore d'écouter la voix intérieure de Dieu pour qu'enfin se dévoile de façon lumineuse le sens des drames physiques ou psychiques qui me bousculent. Cette façon de voir est erronée à plus d'un titre.

Tout d'abord, n'est-ce pas éliminer trop facilement la violence de la souffrance que de la faire rentrer aussi vite dans le royaume des choses sensées. On l'a dit, le propre des souffrances intenses c'est de se présenter comme insensées, «bêtes», de conduire au sentiment qu'il y a de l'absurde: «*on n'y comprend rien*»*!*

Ensuite, il y a une erreur philosophique à penser que LE sens de telle épreuve peut exister quelque part – dans le «ciel» des idées pourrait-on dire – indépendamment de celui qui souffre. La seule tâche de celui-ci serait alors de trouver ce sens caché qui lui préexisterait comme une sorte de fatalité. En réalité, la réflexion philosophique nous apprend que s'il est possible à l'homme et donc à l'homme souffrant de découvrir un sens global à la vie (devenir plus homme), le sens de chaque événement n'est pas inscrit comme un destin dans un arrière-monde. C'est à l'homme de *donner* sens aux événements qui l'atteignent pour maintenir ouverte son histoire. Devant telle épreuve, la question à poser n'est donc pas : *Quel est LE sens de cette épreuve ?* mais *Comment donner sens à ma vie malgré le non-sens qu'y fait pénétrer cette épreuve ?* La signification des moments de mon existence ce n'est pas une chose qui existe indépendamment de moi, c'est une réalité qui se construit par un double mouvement. Tout d'abord un mouvement de prise en compte et d'accueil de toute la réalité qui m'entoure : « *Je viens d'apprendre que j'ai à vie un handicap grave. Je peux compter sur des proches pour m'entourer, j'ai telles ressources financières, je me connais avec telle fragilité psychologique, j'aime prier... C'est avec toutes ces réalités et bien d'autres encore que je vais devoir continuer à donner sens à ma vie. Pour ce faire, il me faut les accueillir réalistement dans ce qu'elles ont de beau et de raté.* » Ce premier mouvement est en quelque sorte celui de la passivité. Mais il est un deuxième mouvement, celui de l'activité, voire du combat : « *Je vais me battre contre les diminutions que cet handicap engendre en moi. Alors qu'il semble abîmer ma vie et la rendre moins féconde, je vais chercher à utiliser toutes les ressources qui sont miennes pour donner sens quand même à mon existence, et peut-être créer des façons d'être que je n'aurais même pas soupçonnées avant de souffrir.* » Transformer le « chercher LE sens » en « donner sens », c'est redevenir auteur – mais non pas seul maître – de son histoire.

Erreur philosophique, mais aussi erreur théologique. La foi chrétienne ne vient pas dévoiler et éclairer d'une lumière totale le sens dernier de tout événement. Elle n'élimine pas de la vie du chrétien le sentiment que certains événements de sa vie restent inexplicables, insensés. Je n'en veux pour signe que la dernière parole de Jésus avant sa mort selon les évangiles de Matthieu et de Marc: «*Mon Dieu, mon Dieu, pourquoi m'as-tu abandonné?*» La vie terrestre du Christ – nous y reviendrons – se termine par une interrogation apparemment sans réponse. N'est-il pas insensé que le Verbe de Dieu venu sauver les siens ait été rejeté par eux? N'est-ce pas totalement absurde? C'est pourtant cette situation absurde que les évangélistes osent présenter. Bien plus, ils montrent Jésus expirant avec une méconnaissance partielle du sens de ce qui lui arrive. Non, décidément la foi ne supprime pas l'affrontement au non-savoir, au sentiment qu'il y a des événements de la vie qui auraient mieux fait de ne pas arriver. La foi permet par contre de ne pas se laisser fasciner par ces sentiments de stupidité et d'absurdité, par les «trous noirs». Elle permet de trouver encore et toujours des ressources nouvelles pour le combat en faveur du sens de la vie.

3. Revenir sans se lasser à Jésus de Nazareth

Voir clair sur la façon dont la vie spirituelle peut contribuer à donner sens à l'expérience de la souffrance n'est pas facile. Notre inconscient, nos désirs sont, en effet, tout prêts à se raccrocher à n'importe quoi pour faire face au désarroi intérieur. Aussi la seule façon de ne pas errer pour savoir comment Dieu, qui est aujourd'hui invisible à nos yeux, fait face à la souffrance des hommes, comment Il désire que nous nous situions devant elle, est de revenir sans se lasser à la parole que Jésus adressait à Philippe: «*Qui m'a vu a vu le Père.*» Si je veux me protéger des images fallacieuses, voire perverses, de Dieu, je dois revenir au témoignage des premiers chrétiens sur le Christ, Icône parfaite du Dieu Invisible. Si je veux comprendre comment Dieu se comporte devant ceux qui souffrent, je dois chercher comment en Jésus Il a assumé la souffrance, celle des autres et la sienne propre. Alors seulement, je disposerai de critères sûrs pour bien humaniser et évangéliser mes épreuves. C'est donc à un regard sur le comportement de Jésus face à la souffrance que nous allons procéder.

III. JÉSUS ET LA SOUFFRANCE

1. Jésus devant ceux qui souffrent

Commençons par regarder sommairement comment Jésus se situe devant la souffrance de ceux qu'il rencontre. Une première évidence s'impose à la lecture des évangiles: l'on ne voit jamais Jésus durant sa vie terrestre envoyer une souffrance à quelqu'un[3]. La souffrance n'est pas pour lui une alliée mais un adversaire. C'est pourquoi le Christ est perçu par les disciples comme celui qui guérit, panse les plaies et compatit au point qu'on peut lui attribuer la parole du prophète Isaïe: «*Il a pris nos infirmités et s'est chargé de nos maladies*» (Mt 8,17).

Une deuxième évidence: Jésus fait preuve d'une grande discrétion dans la parole sur la souffrance. Pas de grands discours, pas de grandes théorisations devant ceux qui souffrent. Mais des mots d'une simplicité et d'une densité remarquables. Bien plus, des mots qui ouvrent l'his-

3. Bien noter que Jésus ne maudit jamais un homme. Les paroles prononcées sur les riches en Lc 6,24-26 ne sont pas des malédictions qui demandent à Dieu d'attirer le malheur sur eux, mais des constats. C'est pourquoi, il vaudrait mieux traduire «*Malheureux, vous les riches*» plutôt que «*Malheur à vous, les riches*».

toire des personnes en leur faisant accomplir des mouvements intérieurs : devant un paralytique qui implore la guérison, il accède à sa demande mais en l'ayant d'abord ouvert à la dimension spirituelle de sa vie (Mc 2, 1-12) ; devant un père bouleversé par les symptômes de possession de son fils, il chasse l'esprit impur mais commence par solliciter un surplus de foi (Mc 9, 14-29) ; devant un groupe de dix lépreux, il met fin à leur maladie, mais leur demande à eux qui ont été déclarés impurs par la communauté, d'aller se montrer aux prêtres, c'est-à-dire de se resituer dans le champ social et religieux (Lc 17, 11-19).

Ensuite, Jésus sait prendre une saine distance par rapport aux drames humains. Sa compassion n'est pas envahissante : Jésus n'organise pas sa vie autour de la maladie des autres, il ne se laisse pas accabler au point de ne plus vivre des moments joyeux avec ses proches. Sa compassion n'est pas aveugle. Il sait ce qu'il y a dans le cœur de l'homme et notamment combien son rapport à la maladie est fait d'un mélange de bon rejet et d'attache malsaine. A l'infirme de Bézatha, il va jusqu'à demander : *Veux-tu guérir ?* puis il lui dit : *Te voilà guéri, ne pèche plus désormais !*

De façon plus large, la compassion du Christ déjoue deux des pièges classiques de la réflexion théologique sur la souffrance. Le premier piège consiste à penser que la souffrance a un lien systématique avec telle faute commise par la personne qui souffre. Le récit de la guérison de l'aveugle-né dans l'évangile de Jean (Jn 9) nous indique que les disciples de Jésus étaient victimes de cette erreur théologique. Devant l'aveugle, ils demandent : *Qui a péché, lui ou ses parents ?* Et Jésus de répondre : *Ni lui ni ses parents !* Le deuxième piège consiste au contraire à affirmer que la souffrance n'a jamais rien à voir avec le péché.

Or Jésus fait pressentir un lien entre le mal et la faute. Par exemple, un passage de l'évangile de Luc rapporte une de ses réflexions à propos de deux événements malheureux : des Galiléens massacrés par Pilate et des gens victimes à Siloé de l'effondrement d'une tour. Jésus dit : *Vous pensez que ces Galiléens étaient de plus grands pécheurs que les autres Galiléens pour avoir subi un tel sort ? Pas du tout, je vous le dis, mais si vous ne vous convertissez pas, vous périrez tous de même. Et ces dix-huit personnes sur lesquelles est tombée la tour de Siloé, et qu'elle a tuées, pensez-vous qu'elles étaient plus coupables que tous les autres habitants de Jérusalem ? Non, je vous le dis, mais si vous ne vous convertissez pas, vous périrez tous de la même manière* (Lc 13, 1-5). Notons[4] que Jésus affirme que ces victimes n'étaient pas *plus* pécheresses que leurs compatriotes. Il n'y a donc pas de lien nécessaire entre *tel* malheur et *tel* péché. Et pourtant, Jésus affirme que si *l'on ne se convertit pas, on périra.* Ce verbe *périr* – contre-distingué du verbe *tuer* – désigne le plus souvent dans le Nouveau Testament non pas le trépas biologique, mais la chute définitive dans le séjour des morts loin de Dieu, la perdition. Dès lors, la signification de la réflexion de Jésus s'éclaire. En affirmant que *tous* sont concernés par l'appel à la conversion, « il oriente ses auditeurs vers une réalité d'un autre ordre : le péché atteint tous les hommes, il est universel (...). Par lui l'univers est un monde cassé et les calamités qui s'abattent sur les hommes peuvent en signifier la profonde fissure. La parole de Jésus serait donc à interpréter : "Si vous ne renoncez pas à l'emprise du péché du monde, vous serez ses victimes et les calamités conti-

4. Je m'inspire étroitement ici de l'analyse faite par X. LÉON-DUFOUR, *Face à la mort, Jésus et Paul,* Seuil, 1979, pp. 33-35.

nueront''[5]». Ainsi, la façon d'être de Jésus prend au sérieux la liberté responsable de celui qui souffre. Ni paternalisme hautain, ni occultation de la complexité des choses. Mais une grande miséricorde. Une miséricorde qui ose vibrer intensément à la détresse des autres, à celle d'une veuve qui vient de perdre son fils (Lc 7, 13), à celle d'un centurion dont le serviteur est malade (Lc 7, 1-10), à celle d'un mendiant aveugle qui crie son mal de vivre (Mc 10, 46-52). La langue grecque pour traduire la profondeur de la compassion du Christ emploie d'ailleurs une expression très parlante: «Il fut pris aux entrailles».

Ainsi, le visage du Christ qui se dégage d'une lecture des évangiles n'est en rien celui de quelqu'un qui a un rapport morbide à la souffrance des autres. Bien au contraire! C'est le visage d'un homme, fils de Dieu, profondément solidaire de ceux qui sont éprouvés et qui combat lucidement avec eux contre les forces du mal. Mais ce visage est-il encore le même quand Jésus en personne est affronté à sa propre souffrance?

2. Les souffrances de Jésus

Contrairement à ce que prétend une certaine spiritualité doloriste, les évangiles ne présentent pas Jésus comme un «recordman» de la souffrance. Ils sont d'ailleurs bien discrets dans la description de ses épreuves, signe sans doute que celles-ci n'ont pas dû être envahissantes. En tout cas, comparé à des milliers d'hommes qui vivent pendant des décennies abandonnés de tous, ou à des militants des droits de l'homme emprisonnés pendant des mois et tor-

5. *Ibid.*

turés, ou encore comparé à des vieillards gravement malades qui voient peu à peu au long des années qui passent leur corps se délabrer complètement, Jésus a relativement peu souffert. Que nous rapporte-t-on de ses souffrances ? Il est difficile de répondre en raison des constructions rédactionnelles qu'opèrent les évangélistes. On peut au moins dire que par rapport à la misère de milliers d'hommes qui littéralement meurent de faim, les souffrances d'origine matérielle de Jésus ont dû être limitées. Certes il est dit que *« le fils de l'homme n'a pas pierre où reposer sa tête »*, mais cette parole est moins descriptive que destinée à faire comprendre aux disciples que pour suivre le Christ, il faut une disponibilité radicale. D'ailleurs, pendant sa vie publique – temps où le dépouillement a peut-être été le plus grand – il trouve l'aide matérielle de nombreux amis et amies.

Quant aux souffrances d'origine physique, il y a bien sûr les terribles tourments du Vendredi saint. Mais à part ceux-ci, il paraît significatif que les évangiles ne rapportent jamais une quelconque épreuve physique grave avec laquelle Jésus aurait eu à se battre. Peut-être a-t-il été malade, mais cela a sans doute fort peu marqué sa vie. D'ailleurs Jésus est mort avec les forces d'un homme d'une trentaine d'années. Quoi de commun avec l'expérience d'un sclérosé en plaques qui voit la maladie gagner inexorablement tout son être ? En quoi cela ressemble-t-il au drame d'une personne qui ressent, pendant des années, des douleurs aiguës et lancinantes que la médecine est incapable de soulager ?

Les souffrances que Jésus a dû sans doute assumer le plus, ce sont les souffrances d'origine sociale et spirituelle. Socialement, dès que le fils adoptif du charpentier commence à prêcher, à faire saisir son lien d'intimité tout à fait singulier à Celui qu'il appelle son Père, alors certains essaient de le « faire rentrer dans le rang ». On affirme « qu'il a perdu la tête ». Il est de plus en plus exclu, rejoignant la condition des marginaux de tous genres (prostituées, publicains, pécheurs) auprès desquels il se sait envoyé en priorité. La haine monte de la part des « bien-pensants » de la religion qui sont troublés, voire scandalisés. On fomente son élimination, on est prêt pour cela à trouver des faux témoins. On lui tend des pièges. C'est alors que les épreuves d'origine sociale vont peu à peu s'entremêler avec les épreuves spirituelles.

Celles-ci ont dû être nombreuses et atteindre des profondeurs qu'il est difficile d'évaluer. En tout cas, les évangiles à maintes reprises laissent deviner les souffrances du Christ dans l'accomplissement de sa mission, dans l'expression de l'amour qu'il portait à son Père et à ceux qu'il était venu sauver. Il y a d'abord cette incompréhension venant des siens, y compris de ses disciples qu'il a choisis et à qui il a appris à lire l'Ecriture et les signes des temps. Même Pierre qui vient de reconnaître que Jésus est le Fils du Dieu vivant (Mt 16, 16) a des pensées qui « ne sont pas celles de Dieu, mais celles des hommes » (Mt 16, 23). Ce dut être profondément éprouvant pour celui qui était la « vraie lumière » d'être « non reconnu par les siens » (Jn 1, 9-11), y compris les plus intimes ; ceci jusqu'à la fin de sa vie. Juste après le dernier repas, les apôtres en sont encore à se demander lequel d'entre eux pouvait passer pour le plus grand (Lc 22, 24), comme si les multiples exemples d'humilité qu'avait donnés Jésus n'avaient servi à rien. Bien plus, voici qu'il faut prendre acte qu'il y a un traître dans le groupe des douze, Judas, cet homme qui n'aura même pas l'audace de croire en la capacité de pardon du Sauveur. Et Simon, cette pierre sur laquelle a été fondée l'Eglise, qui se révèle rapidement être une pierre qui a des fissures ! Et la fuite des proches au moment où l'arrestation se produit !

Quelle épreuve surtout d'être totalement incompris et rejeté par la plupart de ceux qu'on est venu libérer. Rejet qui va vite prendre forme de persécution et de condamnation à mort. Quelle exclusion plus grande que celle-là ? Un condamné à mort, c'est quelqu'un à qui la société dit : *On ne croit plus en toi, tu n'es plus capable de changer et de contribuer à nous faire vivre.* C'est cela qu'on signifie à Jésus. Lui qui est la Vie, qui est venu pour que les hommes aient la Vie en abondance (Jn 10, 10) se voit privé de la vie par ceux-là mêmes qu'il est venu sauver ! Tous le lâchent, surtout ceux qui ont figure d'autorité religieuse. Restent simplement sa mère, quelques femmes et le disciple bien-aimé. Devant un tel échec apparent, la tentation de se laisser aller au sentiment de gâchis a dû se présenter, et en tout cas l'angoisse.

Cette angoisse est d'ailleurs thématisée par les évangiles à travers le récit du « combat » de Gethsémani. Combat qui est décrit par des termes forts : tristesse, effroi, sueur de sang... Peu importe la réalité des phénomènes physiques vécus ici. Ce qui est sûr, c'est que Jésus est profondément troublé et entre dans « l'agonie » (le combat) des choix les plus décisifs de sa vie. Et il y entre seul au milieu des disciples incapables de prier et de veiller avec lui. Se profilent à l'horizon le rejet, l'arrestation, les mauvais traitements, la mort et l'abandon par les siens, même par ses disciples dont le comportement d'indifférence à ce qui se passe semble confirmer l'échec de la mission ! Et le Père qui semble se taire ! Quel effroi intérieur !

Précisément, la souffrance spirituelle du Christ va culminer dans le sentiment que Dieu lui-même l'abandonne à ses ennemis. Extrême nudité de la dernière parole de Jésus sur la Croix, selon Matthieu et Marc : *Mon Dieu, mon Dieu, pourquoi m'as-tu abandonné?*[6] Parole qui résonne toujours, malgré les vingt siècles qui nous en séparent, comme un terrible cri de désarroi. Comment faut-il l'entendre? Au minimum, comme l 'ultime prière de celui qui accablé de toutes parts, ose encore s'adresser à son Dieu, ce Dieu qui ne réagit pas devant la puissance des ennemis, qui semble ne pas tenir les promesses de soutien et de réconfort que n'avaient cessé de chanter les psalmistes.

C'est vrai, Jésus n'est pas un recordman de toutes les sortes de souffrances. Mais ses épreuves, surtout celles de la passion, l'ont conduit comme beaucoup d'autres et sur certains points plus que d'autres, à rejoindre le cœur de toute souffrance, à savoir, le sentiment *d'absurdité, d'injustice, d'abandon.* Le Christ comme tout homme en désarroi a été « vidé » (Ph 2) de ses évidences spontanées selon lesquelles la vie est bonne, l'homme est capable de choisir le bien, Dieu est toujours là, prêt à secourir.

3. Comment Jésus a-t-il assumé ses souffrances?

Quand les bouleversements des épreuves physiques et spirituelles ont atteint Jésus, comment s'est-il comporté?

La réponse n'est pas aisée car les quelques paroles attribuées au Christ souffrant dans les évangiles ne sont, sans doute, pas toutes des transcriptions littérales des mots prononcés réellement par lui. Les rédacteurs ont suivi là comme ailleurs leur habitude de témoigner de leur foi en

6. Nous reviendrons plus loin sur cette parole.

Christ en utilisant leur connaissance des textes de l'Ancien Testament et en construisant des récits capables de traduire au mieux le fait que Jésus était bien le Sauveur attendu. Mais précisément, ce témoignage de foi des premiers chrétiens nous décrit ce qu'il en fut de l'expérience spirituelle de Jésus, de façon peut-être plus parlante pour nous que si nous disposions des mots mêmes du Christ. De plus, ce témoignage tout en parlant de Jésus parle indirectement de la foi de l'Eglise primitive et du coup, nous renseigne sur la façon dont celle-ci réfléchissait sur la souffrance. Ce qui est très précieux pour notre propre méditation.

Ce qui apparaît avec force quand on parcourt les brefs passages évangéliques où l'on voit Jésus éprouvé, c'est que celui-ci est bien « homme en toutes choses, excepté le péché ». Ses attitudes face à la souffrance sont, si j'ose dire, bien « communes », bien « humaines », manifestant qu'il n'aime pas la souffrance et que celle-ci le convoque à un travail intérieur fort pénible. On est loin des attitudes doloristes qu'une certaine théologie a voulu attribuer au Sauveur.

Il est bon, tout d'abord de prêter attention à des notations de l'évangile de Jean qui pointent probablement un fait historique et qui montrent que Jésus a l'attitude saine de tout militant devant la persécution : il choisit la fuite dans la mesure où celle-ci ne rentre pas en contradiction avec ses convictions et sa militance. Un jour, les grands prêtres « *décidèrent de faire périr Jésus. De son côté, celui-ci s'abstint désormais d'aller et de venir ouvertement parmi les Juifs : il se retira dans la région proche du désert, dans une ville nommée Ephraïm où il séjourna avec ses disciples. Cependant la Pâque des Juifs était proche. A la veille de cette Pâque, beaucoup de gens montèrent de leurs campagnes à Jérusalem pour se purifier. Ils cherchaient Jésus et, dans le Temple où ils se tenaient, ils se disaient entre eux: "Qu'en pensez-vous? Jamais il ne viendra à la fête!" Les grands prêtres avaient donné des ordres: quiconque saurait où il était devait le dénoncer afin qu'on se saisisse de lui»* (Jn 11,53-57). Ainsi dans les derniers temps, Jésus sentant monter le péril se cache et ses persécuteurs cherchent quelqu'un pour le dénoncer. Le rôle de Judas, qui indique où Jésus se cache, s'explique alors très bien[7]. Le Christ ne recherche pas le martyre! Par contre quand il est entré dans l'inéluctable de la passion, il exerce sa liberté souveraine d'homme Fils de Dieu: Il assume ces moments de larmes et d'effroi avec amour, ce qui conduira l'évangéliste Jean à faire dire au Christ: «*Ma vie, personne ne me l'enlève mais je m'en dessaisis de moi-même*» (Jn 10,18).

Le combat de Jésus à Gethsémani

Mais Jésus est conscient que la trahison de Judas et la haine de certains responsables religieux vont faire leur œuvre. Et le voici à Gethsémani juste avant d'être livré, devant assumer une nuit d'angoisse (Mt 26,36-46 et parallèles). Premier épisode évangélique où on le voit affronter des souffrances fortes. Comment Matthieu, Marc et Luc nous décrivent-ils l'attitude de Jésus quand, au moment de rédiger leurs témoignages, ils relisent ce moment «d'agonie» (Lc 22,44)?

Tout d'abord, selon eux, Jésus s'entoure de disciples, notamment de Pierre, Jacques et Jean qui avaient partagé l'expérience de la Transfiguration. Pourtant, malgré cet entourage, son combat intérieur va devoir être mené dans

7. Je suis ici les notations de H. COUSIN, *Le prophète assassiné*, J.P. Delarge, 1976, pp. 188-190.

la solitude. Cette solitude qui devient si pesante que Jésus s'adresse aux trois disciples : « *Mon âme est triste à en mourir.* » Plainte qui monte des profondeurs de l'être ! Parole qui n'est en rien celle d'un homme stoïque. Puis « *demeurez ici et veillez avec moi* »... Demande d'être moins seul, appel suppliant pour un partage de l'épreuve et du combat en Dieu. Il en est comme si Jésus connaissait le piège central de toute souffrance : celui de se murer dans l'isolement et de se laisser engloutir par les vagues de la désespérance. Le « bon combat », quand il doit être mené tout seul, devient facilement source d'effroi (Mc 14, 33).

« *Et, allant un peu plus loin, il tombait à terre et priait.* » Jésus s'engage avec tout son corps, se faisant entièrement supplication, osant un dialogue avec son Père au moment même où le dialogue avec ses amis intimes montre toutes ses limites.

« *Mon Père, si c'est possible que cette coupe s'éloigne de moi* » (Mt). Prière pleine d'humilité puisqu'elle introduit le sens des limites. Comment entendre ce « *Si c'est possible* » ? Tout n'est-il pas possible à Dieu ?... Jésus a compris précisément que si beaucoup de choses sont possibles à son Père, il en est une qui lui est impossible parce qu'Il est Amour : se renier Lui-même. La prière de Jésus pourrait donc se formuler ainsi : « S'il est possible que je puisse rester logique avec l'amour que Tu me portes et que je Te porte, et avec l'amour que je porte et que Tu portes aux hommes, sans avoir à boire le calice de la passion, alors, Père, protège-moi d'un tel tourment. » Où l'on voit une fois encore que Jésus n'a aucune connivence avec la souffrance et ne l'accepte que si elle est – compte tenu des circonstances – le passage obligé du don de soi à son Père et aux autres. C'est pourquoi, après cette supplication pleine d'angoisse, Jésus trouve la force de dire : « *Non pas comme je veux, mais comme Tu veux !»*, c'est-à-dire «Non pas comme ce qu'exigent les requêtes spontanées de mon être face à la souffrance et à la mort, mais comme ce que demande la cohérence avec la mission d'amour que Tu m'as confiée ! » Merveilleuse capacité de distanciation du Christ par rapport à son angoisse pourtant extrême ! Distanciation qui lui est possible parce qu'Il est tout à l'écoute de son Père, ce Père d'infinie miséricorde «qui fait lever son soleil sur les méchants comme sur les bons» (Mt 5,45).

Les sept paroles du Christ en croix

Autre épisode présentant Jésus en train de subir des tourments effroyables : l'agonie sur la croix. Les évangélistes – à la différence d'un grand nombre de prédicateurs des siècles passés – font preuve ici d'une extrême sobriété, mettant dans la bouche du Christ seulement sept paroles ; véritables trésors de spiritualité pouvant donner à chaque personne qui souffre de quoi inventer son mode d'être devant Dieu.

Des paroles qui ouvrent l'avenir

Il y a d'abord des paroles accompagnées de gestes d'amour et de pardon qui montrent que Jésus est **un donneur d'avenir :**

– la promesse faite au bon larron : «*Aujourd'hui tu seras avec moi dans le Paradis !*» A cet homme qui reconnaît sa culpabilité («*Je reçois le digne châtiment pour ce que j'ai fait*»), Jésus, l'Innocent, fait le don de sa confiance et de son espérance : «Je crois en toi, toi dont la société se débarrasse en te crucifiant, et je te promets l'intimité avec moi auprès de Dieu.» Parole qui est une source d'espérance inouïe pour tous ceux qui, coupables, se sentent rejetés : leur futur en Dieu reste toujours ouvert ;

– la demande de pardon adressée au Père en faveur de ses bourreaux. On pourrait s'attendre à ce que le supplicié, subissant les douleurs aiguës de la croix, laisse monter sa haine contre ses tortionnaires. C'est le contraire qui se passe : Jésus se préoccupe de l'avenir en Dieu de ceux qui le rejettent, lui le Fils de Dieu : «*Père, pardonne-leur !*» Parole où se manifeste le sommet de l'amour divin qui est un amour totalement gratuit, sans raisons, et même «déraisonnable». Car enfin, il faut de la «folie» (1 Co 1) pour vouloir du bien à ceux qui vous torturent ! Mais c'est la folie de l'amour qui va chercher pour les sauver «ceux qui sont perdus» (Lc 19, 10) ;

– les paroles adressées à sa mère, Marie, et au disciple qu'il aimait (Jn 19, 25-27). Autre signe de la logique de l'amour qui est une logique de décentrement de soi. Quand on souffre, on a tendance à se centrer purement et simplement sur soi, à tout ramener à son propre drame. Jésus nous est présenté par l'évangile de *Jean* comme ayant l'attitude contraire. Il se préoccupe de l'avenir de sa mère, du disciple qu'il aime et, à travers lui, de toute l'Eglise : «*Femme, voici ton fils... Voici, ta mère.*»

Des paroles pleines de vérité humaine

Deux paroles du Christ sur la croix nous montrent jusqu'où va son partage de la condition humaine. A travers elles, on pressent que Jésus n'a rien d'un surhomme, mais qu'il est affronté aux mêmes questions et réactions que celles de toute personne subissant un drame horrible. Jésus n'est pas un Yogi stoïque. C'est un homme qui ose reconnaître et crier sa détresse intérieure, qui ose se plaindre. Il ne meurt pas « en beauté », mais en criant son bouleversement intérieur.

« Mon Dieu, mon Dieu, pourquoi m'as-tu abandonné ? » Parole qui, selon les deux premiers évangiles, termine la vie terrestre de Jésus. Parole si troublante pour les théologiens qu'ils ont souvent essayé d'en atténuer la portée. Il est vrai qu'elle est une citation de la première phrase du psaume 22 qui se termine par une attitude de confiance. Mais il n'en reste pas moins que les évangélistes n'ont pas hésité à mettre dans la bouche de Jésus ce cri qui allie à la fois l'expression d'être abandonné aux pouvoirs des ennemis par Celui qui est toute bonté et la prière balbutiante d'un homme qui croit encore malgré toutes les raisons de ne plus croire : *« Mon Dieu, mon Dieu ! »* [8]

« J'ai soif ! » Cri que l'évangile de *Jean* met sur les lèvres de Jésus peu avant son dernier souffle. Cri qu'il faut entendre avec ses connotations à la fois physiologiques et spirituelles. Soif physique de celui qui agonise sur le bois après des heures de mauvais traitement. Soif qui renvoie au besoin le plus essentiel et le plus lointain de l'homme. Soif spirituelle de celui qui meurt méconnu du peuple qu'il est venu sauver, et abandonné par la plupart de ses proches. Celui qui avait fait comprendre que *« de son sein couleraient des fleuves d'eau vive »* (Jn 7, 38), que l'on pouvait venir à lui *« et que l'on n'aurait plus jamais soif »* (Jn 4, 14),

8. On lira avec intérêt le commentaire de X. Léon-Dufour, dans *Face à la mort, Jésus et Paul,* pp. 153-166. L'auteur pense que rien ne prouve que l'évangéliste ait fait ici une citation du psaume 22 impliquant la teneur du poème entier. C'est pourquoi il estime que c'est une parole même du Christ et qu'il ne faut pas introduire les sentiments du psalmiste dans ce cri. Par ailleurs, il signale une hypothèse exégétique, selon laquelle la parole qu'aurait vraiment prononcée Jésus, et qui aurait été mal entendue et comprise par les témoins, serait : *« Mon Dieu, c'est Toi ! »*

voici que c'est Lui qui clame *« J'ai soif! »* Parole pleine d'authenticité! Le Christ se montre là dans tout son dépouillement de personne affrontée au mal et à la mort. Il est bien celui qui, *« tout Fils qu'Il était »* (He 5, 8), a partagé « la condition humaine en toutes choses, excepté le péché » (cf. He 4, 15), *« présentant avec une violente clameur et des larmes, des implorations et des supplications »* (He 5, 7) au milieu de ses épreuves. Toutes choses qui l'ont rendu *« capable de venir en aide à ceux qui sont éprouvés »* (He 3, 18).

Une parole exprimant une foi profonde

L'évangile de *Luc,* à la différence de *Matthieu* et de *Marc,* termine la vie terrestre de Jésus par une parole apaisante : *« Père, entre tes mains, je remets mon esprit ! »* (Lc 23, 46). Prière qui fait écho à la première parole de Jésus adolescent dans le même évangile : *« Ne savez-vous pas que je me dois aux affaires de mon Père ? »* Le Christ avant de mourir, par cette remise profonde de soi, manifeste ainsi la logique de toute sa vie, à savoir être préoccupé du dessein d'amour de son Père. Alors même qu'il vient de subir les affres de la mort prochaine, il est capable de dire, sans doute dans la nuit intérieure la plus obscure, sa foi profonde en Celui qui sauve.

Une parole d'espérance contre toute espérance

L'évangile de *Jean* attribue à Jésus en croix cette dernière parole : *« Tout est accompli »* (Jn 19, 30). Parole qui résonne étrangement à nos oreilles. Au moment même où la vie de Jésus semble se terminer par l'échec le plus radical qui soit, le crucifié a l'audace d'affirmer que « l'œuvre du Père » (Jn 4, 34) est accomplie. L'amour est allé jusqu'à l'extrême, jusqu'au don de la vie pour les autres. Aussi, quelles que soient les apparences, Jésus sait par son espérance que désormais sa vie portera des fruits au centuple.

Ainsi tout sonne juste dans la façon qu'a Jésus de se situer dans les tourments de la passion. Il laisse transparaître une profonde humanité. L'agonie de Jésus n'est pas «belle», elle n'est pas «glorieuse», elle est celle d'un homme qui mène le combat contre les sentiments d'absurde, d'abandon, d'injustice. Elle est un moment où l'on dit à la fois sa détresse, sa foi, son espérance et son amour. Combat mêlé de mouvements intérieurs contradictoires, comme tout combat qui mène l'homme à ses limites. Combat humain, bien humain, certains diraient «trop humain»!

L'évangile de *Marc* pourtant nous protège de juger ce combat du Christ comme «trop humain», en mettant en scène la conversion d'un centurion romain au pied de la croix. Jésus vient de terminer sa vie sur la parole apparemment «trop humaine» – en tout cas, décevante pour les bien-pensants de la foi – «*Mon Dieu, pourquoi m'as-tu abandonné?*» On pourrait penser qu'une mort aussi banale et se terminant par une question serait une occasion de conforter le doute des témoins quant à la filiation divine de Jésus: «Comment quelqu'un qui se prétend fils de Dieu peut-il mourir avec une telle interrogation?» Or c'est précisément cela qui invite le centurion à croire! «*Le centurion (...) ayant vu qu'il avait expiré ainsi, dit: "Vraiment, cet homme était fils de Dieu!"*» (Mc 15,39). Jésus est allé au bout de sa vérité d'homme, sans aucun faux-semblant, prononçant une parole qui est à la fois plainte et prière. Là où d'autres verraient de quoi ébranler la foi, le centurion – cet incroyant qui n'appartient pas au peuple juif – sait discerner le sommet de l'amour du fils de Dieu. Extraordinaire leçon de l'évangile: la vérité de Dieu se quête par-delà les apparences immédiates et se laisse découvrir dans des réalités où bien des hommes ne discerneraient qu'épaisseur des ténèbres.

IV. HUMANISER ET EVANGÉLISER LES EXPÉRIENCES DE LA SOUFFRANCE

Comment essayer de rendre plus humaines et plus conformes à l'Evangile les expériences de la souffrance? Telle sera maintenant notre question. Notons d'entrée qu'il s'agit bien *des* expériences de la souffrance. LA souffrance, en effet, ça n'existe pas comme une réalité abstraite, n'ayant qu'une seule forme. On l'a rappelé au début de cette conférence, il existe des souffrances aux visages multiples atteignant des êtres humains qui ont tous des personnalités et des expériences de la vie fort différentes. A la limite, chaque personne a une façon unique de ressentir la souffrance et de l'assumer. C'est pourquoi on peut, tout au plus, décrire ici quelques grands types de réactions devant la souffrance. A charge ensuite pour chacun de trouver son propre chemin d'humanisation et d'évangélisation au cœur de son épreuve.

Quand on souffre intensément

Beaucoup d'entre nous ont sans doute vécu des moments de souffrance intense, physique (douleur aiguë et non éphémère) ou psychique (choc émotionnel brutal). Quand on est dans de telles souffrances, on est comme réduit à l'état d'une bête affolée. On est un pur cri devant la détresse, souhaitant que cela finisse au plus tôt, quel que soit le moyen. On va même jusqu'à souhaiter la mort, pour que s'apaise le tourment. Ce n'est certainement pas dans ces moments-là que l'on peut prendre le temps de poser des questions, de penser, de parler, ni même de prier. On en est bien incapable. Ce n'est que larmes, gémissements, cris, silence rempli de mort. Et ce n'est qu'après, une fois que la souffrance brutale s'éloigne, que peuvent venir les réflexions, si du moins l'on n'est pas trop affaibli.

Dans ces périodes, à proprement parler horribles, la souffrance psychique, la douleur, sont vécues comme quelque chose qui rentre par effraction dans ma vie et qui bouleverse mon univers intérieur. Après coup, je me dis: « Mais suis-je donc si fragile qu'en un instant, toutes mes évidences se brisent et que j'ai même envie de quitter la vie ? » C'est à un étonnant constat de ma condition de créature que je suis provoqué. Dans ces moments-là, plus moyen de se prendre pour le bon Dieu ! Voici que ce que je prenais pour de la sainteté se révèle n'avoir été qu'un bon équilibre physiologique ou psychique. Et puis s'installe souvent la peur au ventre, peur que cette souffrance ou cette douleur ne recommence. A tel point que cela me fait parfois occulter certains symptômes maladifs, voire refuser des examens médicaux qui seraient nécessaires. La quête de vérité elle-même devient difficile.

Reconnaissons-le, il est bien difficile d'humaniser et de christianiser de telles réactions. Comme le dit le bon sens populaire: « Dans l'affolement, on fait ce qu'on peut ! » C'est plutôt après, quand le gros de l'épreuve est passé, que l'on peut se mettre à méditer. Reviennent alors à l'esprit des paroles de psaumes qui rappellent l'immense fragilité de l'homme: « *L'homme ! Ses jours sont comme l'herbe, comme la fleur des champs, il fleurit ; sur lui qu'un souffle passe, il n'est plus»* (Ps 103, 15). Que le souffle de la souffrance passe sur nous et notre superbe tombe avec brutalité dévoilant souvent la vanité de nos activités.

En tout cas, quand on a vécu de telles expériences, et qu'on a su les relire devant Dieu, on a, en général, un souci plus grand de ceux et celles qui souffrent. Quand je suis en bonne santé, j'imagine mal jusqu'à quelle profondeur peut aller le désarroi de celui qui vit le séisme de la souffrance aiguë. Quand, au contraire, il m'est arrivé de subir un tel séisme, même s'il est devenu un peu irréel en moi, je sais au moins que la personne qui souffre a droit à un infini respect. Je pressens que ce n'est pas le moment des grands discours, mais celui de la présence discrète qui prend acte du mystère d'un être humain en train de se battre avec l'absurde. Il est d'ailleurs très parlant pour un chrétien que dans les évangiles, un seul être nous est présenté comme réussissant à entrer en *dialogue* avec Jésus crucifié. Ce n'est ni le disciple aimé, ni même Marie, mais le bon larron qui est en train, lui aussi, d'agoniser sur une croix. Peut-être est-ce le signe que seuls les souffrants peuvent se comprendre mutuellement, comme à mi-mots?

La révolte

Autre réaction fréquente devant la souffrance: la révolte. Réaction souvent décrite dans la Bible. Pensons à la formule fréquemment employée par les psalmistes pour dire leur lassitude devant le silence de Dieu: «*Jusques à quand...?*» (Ps 89, 47). Pensons aux réactions de Job qui fait un véritable procès à Dieu: «*J'ose dire: il fait périr de même l'homme intègre et le méchant. (...) Il se rit de la détresse des innocents, dans un pays livré au pouvoir d'un méchant, Il met un voile sur la face des juges. Si ce n'est Lui, qui donc alors ?»* (Jb 9,22-24). Job frôle ici le blasphème. Pensons encore au prophète Jérémie las des opprobres qu'il subit : «*Pourquoi ma souffrance est-elle continue, ma blessure incurable, rebelle aux soins ? Ah, serais-tu pour moi comme un ruisseau trompeur, aux eaux décevantes ?*» (Jr 15,18).

La révolte est d'autant plus forte que la souffrance survient parfois sans raison, sur quelqu'un qui se conduit de façon droite. Comme le montre le livre de *Job*, la révolte c'est par excellence la réaction première devant la souffrance du juste et de l'innocent.

Que penser de cette réaction ? Elle représente sans doute le plus souvent une mobilisation d'une des dimensions les plus importantes de notre personnalité : l'agressivité. Elle a un côté «médicalement sain». Elle donne du «mordant» pour se battre contre le mal. Elle est un sursaut de la vie en nous. Elle est souvent en même temps un appel déguisé qu'il faut savoir reconnaître ; appel aux personnes qui seraient capables de soulager nos souffrances, voire d'y mettre fin : le corps médical, les parents, les amis...

C'est pourquoi, quand nous sommes éprouvés et que nous nous révoltons, il faut éviter d'avoir trop vite des paroles apaisantes envers soi-même et envers les autres. Il peut être bon de laisser s'exprimer suffisamment les sentiments contradictoires qui montent en nous et reconnaître que nos sentiments agressifs vis-à-vis de nos proches et de Dieu ne sont pas nécessairement des refus de les aimer mais une des manifestations du réaménagement de notre monde intérieur provoqué par le mal. Il nous est parfois aussi difficile de reconnaître que nous avons une dimension agressive que de reconnaître que nous sommes radicalement marqués par la sexualité. Ces sentiments de révolte peuvent donc être l'occasion d'une vérité sur soi-même, d'un travail psychique qui prenne acte de la dimension conflictuelle de nos vies.

Toutefois, on comprend aisément que ce « mordant » de la révolte n'est pas sans dangers. Autant il est bon quand il se maintient dans de justes proportions, autant il peut conduire à la rancœur, à la haine, au blasphème quand il perd la mesure. Nous sommes donc convoqués quand nous souffrons à tenter de réguler ces mouvements agressifs qui nous habitent. Chose malaisée, s'il en est ! Car dans ces moments-là nous sommes comme traversés par des forces obscures qui montent des zones les plus enfouies de notre être. Se réveillent toutes les frustrations qui ont marqué notre histoire et l'on est tout étonné de découvrir que là où nous nous croyions un ange, il y avait une « bête » qui sommeillait ! Belle occasion de se faire humble, belle occasion de découvrir qu'on a des connivences avec ces êtres violents que nous regardions parfois de haut !

La contemplation de la façon d'être de Jésus dans ses relations peut aussi aider le chrétien à une saine régulation de la révolte. En effet, le Christ ne peut être soupçonné d'être un « béni-oui-oui ». Sa vie montre suffisamment qu'il sait entrer en conflit quand il le faut avec ses ennemis – certains pharisiens, par exemple (Mt 23) – et avec ses amis comme Simon-Pierre (Mt 16,23). Et pourtant, sur la croix, loin de se laisser aller au mouvement de la haine contre ses persécuteurs, Il sollicite pour eux le pardon à son Père. La prière peut donc être pour celui qui souffre un lieu où il apprivoise ses mouvements agressifs et où il les oriente en Dieu, retrouvant, en cela, l'attitude de tant de psalmistes qui n'hésitent pas à exprimer leur violence interne et à la resituer dans leur relation à Yahvé.

La régression psychique et la fermeture sur soi

Imaginons des soldats en train de se battre sur le front. Si la bataille tourne en leur défaveur, ils retournent se protéger dans leurs retranchements. Il en est de même pour nos personnalités. Quand elles sont soumises à une trop rude épreuve, elles ont spontanément tendance à retourner vers des positions défensives plus anciennes ; c'est-à-dire qu'elles ont tendance à réactiver un stade de leurs histoires où elles obtenaient davantage de gratifications. C'est le phénomène que les psychologues appellent « la régression ». Dans la maladie, dans l'épreuve, dans la souffrance, il y a, de fait, très souvent des attitudes régressives qui vont de pair avec un côté de la personnalité qui, lui, reste très adulte.

Cela se traduit de bien des façons. Certaines personnes se font le centre du monde. On les voit parler sans arrêt d'elles-mêmes et de leurs misères, comme le ferait un enfant qui aime être l'objet du regard de toute la famille. D'autres personnes régressent en vivant une relation à Dieu très fusionnelle, très « éthérée », pseudo-mystique parce qu'en dehors de la prise en compte du réel. D'autres retrouvent quelque chose de leur état de bébé en essayant de combler leurs besoins oraux : ils mangent sans cesse ou se mettent à découvrir l'alcool. A l'inverse, certaines personnes se laissent dépérir de faim. D'autres encore régressent en sombrant dans un surmenage effréné où elles n'existent plus que par ce qu'elles font et non par ce qu'elles sont. Quelques-unes tombent dans les travers de la jalousie ou essaient de fuir l'angoisse de l'épreuve en s'accordant des satisfactions sexuelles bien peu constructives, etc.

Comment humaniser ces tendances régressives qui habitent à des degrés divers et sous des formes variées chacun de nous quand il vient à souffrir ? Tout d'abord, il ne faut pas vouloir les éliminer trop vite. Elles ont, en effet, un côté positif : un rôle de protection de la personnalité dont les défenses sont parfois gravement débordées. La première décision éthique face à de telles réactions est de bien nommer les choses et non pas de chercher à les occulter. C'est le moment de se découvrir bien plus complexe qu'on ne l'imaginait. C'est l'occasion de prendre conscience qu'il y a en nous plusieurs façons simultanées d'assumer le temps : un aspect de nous-mêmes peut avoir profité du cours des années pour mûrir fortement, et un autre aspect a subi comme un blocage du temps et est resté très infantile. Une fois de plus, c'est une invitation à l'humilité et à un certain humour sur soi-même : « Ainsi, moi qui me croyais adulte, il suffit que des problèmes m'atteignent pour que je découvre que par bien des côtés je suis un(e) grand(e) gosse ! »

Puis il est bon, après avoir bien nommé les choses, de prendre conscience du risque attenant à ces régressions. Car celles-ci peuvent enfermer la personne dans des comportements illusoires qui, à terme, pèsent lourd sur elle-même et sur son entourage. Il peut donc être souhaitable de faire appel à une personne compétente qui aidera à situer ces phénomènes psychiques et parfois à les dépasser. Mais dans tous les cas, il est profitable de les regarder du point de vue de la foi. Cela permettra à la personne de se rappeler que la sainteté ne coïncide pas nécessairement avec la perfection humaine. La perfection ce serait être arrivé à un état physique et psychique sans aucune faille, procurant un équilibre totalement harmonieux. La sainteté, elle, consiste à accueillir le don de Dieu qui nous fait progresser en humanité à partir de notre situation complexe. Si la quête de sainteté contribue à équilibrer notre vie psychique puisqu'elle est ouverture sur autrui et chemin d'humilité qui permet de mieux assumer nos limites, elle n'a pas cependant tout pouvoir sur le psychisme. Celui-ci a une certaine autonomie et plusieurs de ses traits resteront identiques à eux-mêmes tout au long de notre vie, quels que soient nos efforts en Dieu ou quelle que soit la profondeur de nos vertus. Notamment, un certain nombre de régressions ont une telle force en raison de l'inconscient, qu'elles semblent balayer les résultats d'efforts spirituels pourtant menés avec sérieux pendant des années. C'est alors que la personne souffrante devra bien se fier en Dieu qui ne juge pas sur les apparences ou sur la pure extériorité des actes, mais sur la qualité de ce que la Bible appelle le « cœur »[9].

La miséricorde – et non pas le regard complaisant – envers soi-même acquise par la fréquentation de la Parole de Dieu permet dans ces phases régressives de continuer à développer le côté adulte de soi-même qui ne manque jamais d'être présent quand bien même il apparaît parfois submergé par les requêtes infantiles. En outre, de telles phases peuvent être une excellente occasion de sentir que l'on ne peut pas vivre sans l'aide des autres. Cela permet parfois d'assouplir certaines « cuirasses caractérielles » trop rigides. Après le choc de l'épreuve qui l'a obligée à parler avec ses tendances infantiles, la personne qui se voulait stoïquement autonome se découvre alors plus souple, plus accueillante à l'imprévu de l'avenir et des relations humaines.

Enfin, la contemplation de Jésus, spécialement de Jésus sur la croix, peut être d'un grand secours pour tracer la direction à tenter de conserver dans ces moments régres-

9. Cf. le chapitre III sur la culpabilité.

sifs. Jésus apparaît, en effet, comme celui qui ne cesse de se décentrer de lui-même pour s'ouvrir à l'autre. Sa vie est un pour-autrui [10]. Même quand il est en train de vivre la souffrance extrême du crucifiement, il se préoccupe, comme on l'a vu, de sa mère, du disciple bien-aimé, de son compagnon de supplice, de ceux qui l'ont rejeté. Voilà ce qui humanise dans la croix de Jésus ! Voilà ce qui est rédempteur ! Non pas les souffrances en elles-mêmes, mais ce mouvement vers l'autre qui est le mouvement de l'amour toujours en quête du pour-autrui.

La désespérance

Autre réaction dans les épreuves fortes et longues : la tentation de la désespérance. Cette tentation qui surgit parfois de façon insidieuse. Dans les débuts de l'épreuve, on se bat courageusement, puis peu à peu sans même qu'on y prenne garde, les forces intérieures se font plus fragiles, la combativité s'atténue, puis un beau jour on se retrouve dans la grisaille, dans le marasme et on a envie de baisser les bras. La tentation de désespérance prend corps en nous, rendant peu à peu la vie lourde. Le pessimisme s'installe, le regard sur les autres devient plus sévère. On ricane intérieurement de toute cette agitation de nos proches, on se fait parfois familier de l'idée de la mort, on ne croit plus en l'avenir, les promesses de la religion elles-mêmes paraissent creuses ou rêves infantiles. Bref, la confiance de fond que l'on avait jusqu'alors envers la vie est sapée. On

10. Qui n'est pas à confondre avec une perte de sa liberté intérieure, comme le montre à l'évidence la lecture des évangiles. Jésus y apparaît comme ayant une personnalité forte, donnée à autrui, mais profondément autonome, n'organisant pas sa vie psychique en fonction du seul désir des autres.

s'efforce cependant de puiser des souvenirs dans sa mémoire pour tenter d'y retrouver quelques raisons d'espérer. Mais la vie passée apparaît bien souvent alors comme une agitation oiseuse, voire comme un échec. Le sentiment de gâchis affleure : « Tout fiche le camp, tout lâche ! » A un point tel que l'on finit, à l'instar de Job, par maudire le jour de sa naissance : *« Périsse le jour qui me vit naître et la nuit qui annonça : quelqu'un vient d'être conçu ! »* (Jb 3,2-3). Que faire devant de telles réactions que tant de personnes souffrantes ne connaissent que trop bien ?

Ici, on est très démuni tant le sens de la vie, les raisons d'exister, la possibilité d'aimer semblent atteintes. Essayons toutefois de proposer quelques chemins d'humanisation de cette expérience de désert intérieur.

Tout d'abord, il faut savoir reconnaître que, *parfois,* on est devant un problème de dépression proprement dite. Si tel est bien le cas, alors il est inutile de se bagarrer *d'abord* à coups d'efforts spirituels. Il faut en premier lieu s'attaquer aux symptômes dépressifs en ayant recours à la médecine qui sans doute prescrira une aide médicamenteuse momentanée et, pour certaines personnes, invitera à entrer dans un travail psychothérapique. Ce recours aux médicaments que souvent la personne atteinte par le sentiment de gâchis n'a pas envie de faire, peut être vécu devant Dieu comme la reconnaissance que l'on est aussi constitué, comme les autres réalités du cosmos, d'éléments chimiques [11]. On est ainsi amené à reconnaître l'ampleur de notre condition de créature.

11. cf. Ce qui est dit au chapitre IV sur le mystère de la Création et ses implications éthiques, p. 113.

Mais quand bien même, on dépasse la phase purement dépressive, grâce aux médicaments ou à la psychothérapie, il reste encore le problème de l'angoisse métaphysique que jamais une aide médicale ne fera disparaître. L'angoisse de se dire : « Mais pourquoi suis-je si fragile ? Pourquoi Dieu a-t-il permis que je m'enfonce ainsi dans le mal de vivre ? Pourquoi ma vie doit-elle en passer par la mort ? » Il est vrai que la relecture de notre vie que nous faisons lors de ces bouleversements intérieurs peut donner quelques réponses à ces interrogations, ou au moins déplacer certaines d'entre elles. Mais il subsiste toujours un radical *« pourquoi ? »* et même un *« pourquoi moi ? »*

Dans ces moments-là où la désespérance est prête à fondre sur nous, il est très difficile de christianiser son expérience de la souffrance. Sans doute, faut-il d'abord se faire suppliant vers Dieu, avec le maximum de vérité intérieure (cf. le psaume 38). Il faut savoir faire sienne la prière de tant de psalmistes qui ont su rejoindre le cri des personnes qui sont habitées par des forces de mort : *« Du fond de l'abîme, je crie vers Toi Seigneur... »* (Ps 130). *L'abîme,* ce mot est très fort. Ce sont bien des abîmes que côtoient les personnes qui souffrent profondément. Abîmes au bord desquels la vie quotidienne prend un tout autre aspect que celui qu'elle a quand on est en bonne santé : un aspect de fragilité, de « vanité » pour parler comme l'Ecclésiaste (Qo 2, 17). Alors, il ne faut pas moins que la source vivifiante de l'Esprit pour percevoir encore dans le monde la trace de ce Dieu *« qui n'est pas un Dieu des morts mais des vivants »* (Mt 22, 32).

Dans ce travail de « Pâques » que l'on tente au milieu des ténèbres du mal, il est parfois bon également d'exercer sa mémoire sur ce que Dieu a fait pour nous[12]: « C'est vrai, je souffre, j'éprouve un sentiment d'abandon, mais puis-je dire que ma vie n'a été qu'échec ? Il y a eu aussi des moments de joie, de paix, de réussite. Je dois savoir les regarder et m'appuyer dessus pour mener le combat de l'espérance. »

La difficulté vient de ce que pour un certain nombre de personnes, cet appel à la mémoire risque de les enfoncer encore un peu plus dans le mal de vivre et dans le sentiment de gâchis ; cela en raison de fragilités spécifiques de leur structure psychique. Le recours alors est peut-être, comme nous y invite l'Ecclésiaste, de se centrer sur les petites choses du moment qui apportent quelques gratifications. Mais il est des personnes qui sont si accablées qu'elles ne peuvent même pas faire cela.

Aussi, dans ce gouffre de la désespérance, faut-il demander à Dieu le courage du premier pas vers l'autre, le courage d'une supplication humble adressée à autrui : « Tu sais, je touche le fond, ne m'abandonne pas ! » Ce premier pas, dans le dépouillement de notre orgueil intérieur, c'est peut-être ce par quoi la souffrance va pouvoir devenir occasion d'un renouvellement personnel. Cela suppose toutefois que l'on trouve dans son entourage quelqu'un qui peut et sait comprendre cette humble démarche. En effet, la seule façon de pouvoir renaître à l'espérance, de pouvoir encore croire à l'amour quand on est dans l'abîme, c'est d'expérimenter la présence de quelqu'un auprès de nous qui, même s'il est totalement démuni, est là présent avec un infini respect. Quand on désespère, c'est l'expérience faite ici et maintenant de l'amour – de l'amour

---

12. Ainsi font les auteurs bibliques qui aident le peuple d'Israël dans ses épreuves en lui permettant de relire les hauts faits de Dieu dans son passé.

« pour rien » simplement parce que c'est toi, parce que c'est moi – qui fait resurgir l'espoir. Quand ma foi en un Dieu sauveur est ébranlée par les assauts du mal, la seule façon de croire encore que le Dieu-Amour existe, c'est sans doute d'expérimenter la fraîcheur d'une source d'amour, si petite soit-elle : la présence silencieuse d'un conjoint, d'un enfant, d'un ami, le geste maladroit mais vrai d'un camarade... Alors je puis me dire : « S'il y a une source d'amour, c'est peut-être qu'elle s'alimente à la véritable « nappe » d'amour qu'est le Dieu vivant de Jésus-Christ. » Il est d'ailleurs frappant, selon l'évangile de *Jean* que Jésus au milieu du désert de son agonie peut se réconforter à la source d'amour qu'est la présence silencieuse de sa mère et du disciple bien-aimé.

On l'aura deviné à la lecture de ces pages. Assumer la souffrance est un combat où l'on n'est jamais sûr d'avoir gagné. Il y faut courage, parfois héroïsme, toujours longue patience. Mais dans ce rude combat, chaque bataille victorieuse, si petite soit-elle, fait mieux comprendre la parole énigmatique du Christ : *« Si le grain de blé ne meurt, il reste seul; s'il meurt, il porte beaucoup de fruits »* (Jn 12,24). Chemin de Pâques bien aride que l'expérience de la souffrance ! Chemin que l'Esprit nous aide à parcourir. Ce même Esprit qui faisait dire à l'apôtre Paul réfléchissant sur ses inombrables épreuves de disciple du Ressuscité : *« Qui nous séparera de l'amour du Christ ? La tribulation, l'angoisse, la persécution, la faim, la nudité, les périls, le glaive ? (...) En tout cela nous sommes plus que vainqueurs par Celui qui nous a aimés. Oui, j'en ai l'assurance, (...) rien ne pourra nous séparer de l'amour de Dieu manifesté en Jésus Christ Notre Seigneur ! »* (Rm 8,35-39). Puisse cette espérance de Paul devenir celle de chacun !

CHAPITRE II

Evangéliser la soif de bonheur

Une méditation sur le «*Jeune homme riche*»

*Cette conférence a été prononcée devant les animateurs des Centres de Préparation au Mariage (C.P.M.) réunis, en 1988, en un congrès dont le thème était: «Evangéliser la soif de bonheur *.»*

I. REMARQUES PRÉLIMINAIRES

Le titre que l'on m'a proposé pour cet exposé m'a d'emblée donné à penser:

1. Je remarque d'abord qu'il est question de *soif;* c'est-à-dire d'une réalité qui nous renvoie d'une façon ou d'une autre à une de nos expériences parmi les plus «archaïques»: notre enfance ne commence-t-elle pas toujours par l'expérience souvent renouvelée de l'apaisement d'une soif,

* Texte original paru dans: *Accueil-rencontre,* n° 127, 1989.

apaisement vécu dans une relation chaleureuse à une mère qui nous donne à boire et nous protège ? C'est pourquoi je me suis demandé si la quête du bonheur n'allait pas toujours réactiver le « souvenir » profondément enfoui dans notre psychisme des gratifications ou frustrations précoces vécues avec notre mère. Si tel est le cas, il faut s'attendre à ce qu'elle mette en jeu des éléments fort irrationnels nous obligeant à regarder notre rapport à notre corps et à ses pulsions. Rechercher le bonheur va probablement mobiliser la nostalgie de ce temps où nous trouvions une mère suffisamment bonne pour étancher nos soifs de lait et d'affection. Temps qui s'est terminé par le sevrage. Temps qui nous a conduits à faire peu à peu l'expérience d'une séparation. Humaniser la soif de bonheur ce sera, entre autres, tenter de se situer par rapport à cette « perte » d'une réalité comblante.

2. Je remarque ensuite que le titre de cet exposé parle de ***bonheur*** et non pas de paix, ou de joie, ou encore de plaisir.

Il ne serait sans doute pas venu à l'idée de quiconque de me proposer comme titre : « Evangéliser nos désirs de joie ou de paix. » Comme si chacun comprenait d'instinct que bonheur et plaisir sont chargés de si profondes ambiguïtés qu'il faut soumettre ces réalités à la critique éthique et évangélique ; tandis que joie et paix ont une connivence spontanée avec la vie morale et l'accueil de la Bonne Nouvelle de Jésus-Christ. Aussi, me paraît-il bon, en un premier temps, de définir sommairement ces quatre termes : plaisir, paix, joie, bonheur que beaucoup de personnes ont tendance à confondre ou à opposer par trop.

• **Le plaisir :** dans son acception première, il connote spontanément l'expérience du corps, voire de la vie pulsionnelle. Il évoque l'idée de l'apaisement d'une tension, comme si l'énergie accumulée trouvait enfin à se décharger. Certes, il arrive que le plaisir se trouve aussi dans la montée de la tension mais c'est alors parce que cette montée est habitée par la promesse d'une satisfaction forte qui l'apaisera totalement ou en grande partie. Sinon, la tension est vécue comme frustrante. Pensons aux préludes sexuels et à l'orgasme réussi pour illustrer ce dynamisme intérieur du plaisir.

Le plaisir est très éphémère, il se vit dans l'instant, mais un instant si fort qu'il en fait oublier le temps et donne l'illusion momentanée qu'on touche à l'absolu [1], à un divin. Il est expérience d'extase, c'est-à-dire de sortie de notre quotidien avec ses dures réalités. En cela il est comme anticipation du bonheur quêté; anticipation telle qu'on imagine parfois qu'en le répétant sans cesse, on aura créé l'état de bonheur.

Toutefois, simultanément, le plaisir par l'expérience limitée de mon corps qu'il me fait faire, m'oblige à faire confiance à moi-même et à l'autre. Je ne jouis bien en effet que si je m'abandonne aux sensations de mon corps, aux invites du partenaire avec lequel j'éprouve la jouissance. Aussi le plaisir me conduit-il à reconnaître que je ne peux jamais quitter ma condition d'être non tout-puissant, et que *vivre c'est se fier* en la vie, en soi-même, en son prochain, c'est avoir foi. Ce qui pour certaines personnes est source de peur ou/et de déception: le plaisir n'est jamais totale coïncidence avec soi-même! D'une certaine façon il n'y a pas de plaisir intense qui ne soit que «solitaire».

---

1. L'étymologie du mot *absolu* nous apprend qu'il vient du latin *absolvere* = absoudre. L'absolu c'est ce qui est absous de tout lien, de toute attache.

Le plaisir, parce qu'il est une expérience de confiance, est «écoute» et «appel» d'un autre.

Devant tant de réalités contradictoires qui habitent le plaisir, on devine que son lien au bonheur est complexe. Si chacun comprend bien que la quête de bonheur passe par un minimum de plaisir, chacun sait aussi qu'il est des circonstances où l'on est malheureux de jouir et d'autres où l'on est heureux de manquer de tel ou tel plaisir. Malheureux de jouir parce qu'on perçoit que tel type de jouissance nous entraîne dans des impasses mortifères (ex. : le plaisir de la drogue) ou dans des relations humaines qui bafouent la dignité de l'autre (ex. : le plaisir vécu avec une prostituée). Heureux de manquer de tel plaisir précis parce que l'on sent que ce plaisir-là nous aliénerait en nous figeant dans notre passé ou en nous rendant excessivement dépendant des autres (ex. : le plaisir de se faire remarquer sans cesse)[2].

• **La paix et la joie.** Ce sont deux réalités qui, bien sûr, n'excluent pas le corps: quand on est joyeux, il y a une sorte de résonance de cet état psychologique dans le corps, cela déclenche comme une «vibration de l'être». Cependant les mots *joie* et *paix* connotent d'abord le domaine spirituel. Par exemple, on parlera de la joie des découvertes intellectuelles ou de la paix de la vie en Christ. Paix et joie sont deux termes qui évoquent l'un la stabilité sereine d'un état, l'autre l'intensité relativement fragile d'une expérience humaine où l'on perçoit la réussite d'un effort ou la réponse presque excessive à une attente longuement assumée. En effet, le propre de la paix et de la

2. Pour saisir l'extrême complexité de l'expérience du plaisir, prêtons aussi attention au fait qu'il arrive, lorsque la personnalité est perturbée, que l'on trouve du plaisir à souffrir ! Tel est le cas du masochiste.

joie est de se déployer dans le temps et non pas comme le plaisir dans l'éphémère de l'instant. Bien plus, comme chacun l'expérimente, on peut être en paix tout en étant dans la difficulté, voire dans la souffrance ou dans la persécution. C'était le cas des apôtres dont le livre des *Actes* nous dit « qu'ils étaient tout joyeux d'avoir souffert pour le nom de Jésus » (Ac 5, 41). C'est aussi le cas de personnes qui souffrent pour se libérer d'une aliénation, par exemple l'aliénation par l'alcool, mais qui se sentent en paix au plus intime de leur être. C'est que paix et joie surgissent quand un mouvement d'humanisation de soi-même a été réussi ou encore quand on sent que l'on est sur un chemin de réalisation authentique de sa personnalité et (pour anticiper la suite de mes propos) quand on accueille en vérité la parole évangélique. En ce sens, joie et paix sont d'abord des fruits qui viennent comme par surcroît, des « *grâces* » qu'on ne peut trouver directement sur commande ; et ce sont des fruits que l'on sait fragiles, d'une durée non illimitée, mais fruits qui donnent le courage de réaffronter les moments où ils viennent à faire défaut. En raison de cette fragilité, de cette durée limitée, de cette coexistence avec une certaine tension, paix et joie sont toujours perçues sur l'horizon d'une autre réalité qui, elle, aurait plus de stabilité que l'on appelle précisément : le bonheur.

• **Le bonheur.** C'est, de fait, ce que tout homme cherche, ce dont il a soif. Ce terme connote quelque chose de l'ordre de la plénitude et du toujours. Le bonheur ce serait la fin de la division intérieure que ressent toute personne ; la fin définitive des écartèlements, la réconciliation entre ce que l'on est et ce que l'on tend à être, l'apaisement de l'inquiétude quant au sens de la vie. Mais si tel est le bonheur, n'est-il pas ici-bas comme un horizon, c'est-à-dire comme quelque chose qui se déplace devant nous au fur et à mesure qu'on s'en approche? Ne serait-il pas hors-temps? Certains, plus pessimistes, rajoutent: ne serait-il pas le résultat de nos illusions? Question que tous les sages, philosophes et théologiens ont posée!

En tout cas, on l'aura deviné, plaisir, paix, joie, bonheur sont des réalités qu'il ne faut pas confondre sous peine de ne plus voir clair dans le thème que je développe ici. Si en effet quelqu'un recherche le bonheur et se contente, pour ce faire, d'accumuler les plaisirs, il est sûr d'arriver au mal de vivre. Si quelqu'un recherche ici-bas non pas la paix mais un bonheur sans failles, c'est-à-dire un style de vie qui lui fasse faire l'économie de toute tension ou souffrance, il ne peut que déboucher sur la déception et le mal-être. Mais n'anticipons pas trop notre réflexion.

3. Comme le titre de la conférence parle « d'*évangéliser* la soif de bonheur », j'ai eu le réflexe d'aller chercher dans les évangiles les mots soif et bonheur.

Première surprise, le mot bonheur tel qu'utilisé classiquement par la philosophie grecque (*eudaimonia* qui a donné *eudémonisme*) ne s'y trouve pas! Les évangiles, comme l'ensemble de la Bible, préfèrent parler de paix, de joie, de vie, de salut. Il est vrai cependant que l'on trouve dans les synoptiques le terme *makarios* que l'on traduit par « heureux », notamment dans les béatitudes (Mt 5, 3-12). Selon certains biblistes, ce mot chez les païens de l'époque exprimerait un bonheur surnaturel, celui des dieux. Quoi qu'il en soit, le lecteur de ces béatitudes se trouve complètement désarçonné: loin que la déclaration de l'état de bonheur se trouve liée, comme elle l'est spontanément dans notre esprit, à l'idée d'accomplissement ou de plénitude enfin trouvée, voici qu'elle est mise en relation avec des situations de manque, de pauvreté, d'affliction, de personnes affamées, assoiffées, persécutées, ou alors avec des attitudes éthiques et spirituelles de gens qui sont des artisans d'humilité, de douceur, de paix, de miséricorde! Ainsi, d'entrée, la béatitude évangélique sape à la base les stéréotypes sociaux sur le bonheur. Là où ceux-ci parlent de combler, l'évangile suggère qu'il faut creuser; là où ils connotent le repos tranquille de celui qui a enfin réalisé le rêve de sa vie [3], l'évangile présente des gens qui continuent à laisser s'opérer en eux un «travail» éthique et spirituel. Quêter la pensée du Christ sur le bonheur, c'est inévitablement se confronter au paradoxe de la première béatitude: *Heureux les pauvres, car le Royaume des Cieux est à eux.*

Heureux paradoxe! Car les anthropologues nous ont appris [4] que le paradoxe, c'est ce qui évite la clôture de la pensée; c'est ce qui fait prendre au sérieux l'antagonisme qui habite toute action humaine et ce qui permet de voir simultanément les choses de deux points de vue qui sont perçus comme habituellement inconciliables. Jésus est un maître dans le maniement du paradoxe, sans doute parce que son être même est paradoxal: en effet, qui cherche Dieu en Lui rencontre l'homme, qui cherche l'homme en Lui rencontre Dieu! La quête du bonheur à la suite du Christ est ainsi désinstallée des «ou bien» exclusifs: ou bien on quitte l'humain pour trouver ce qui est divin ou bien on quitte le divin pour trouver ce qui est humain. Et

3. Cf. le nom que beaucoup donnent à leur pavillon de banlieue, rêve de leur vie: *Samsufi.*

4. Cf. notamment les travaux de l'école de *Palo Alto.* P. WATZLAWICK, *Changements, paradoxe et psychothérapie,* Seuil, 1975.

elle est conviée à prendre au sérieux les « et » qui unissent tout en distinguant.

Deuxième surprise : en consultant les évangiles sur le mot *soif*, on s'aperçoit que Jésus, dans l'évangile de Jean, se présente (notamment dans le célèbre dialogue avec la Samaritaine) comme celui qui est capable d'apaiser les vraies soifs. Pourtant voici que juste avant de mourir, il hurle « J'ai soif ! », tout en rajoutant aussitôt : « Tout est achevé. » Nouveau paradoxe ! D'ailleurs à regarder de plus près les versets où Jésus parle de mettre fin à la soif, on s'aperçoit que le Christ déplace les visions spontanées de celui qui est en quête de bonheur. Ces visions encore une fois, confondent extinction de la soif avec le repos. Or Jésus dit : « Qui *croit* en moi n'aura jamais soif » (Jn 6, 35) et « Si quelqu'un a soif qu'il *vienne* à moi et qu'il boive » (Jn 7, 37). Ce qui apaise la soif, c'est de faire quelque chose, c'est de *venir* et de *croire*. Alors que la fin de la soif évoque dans nos esprits la fin d'une tension et le calme d'une personne complètement désaltérée, la parole du Christ évoque, elle, la marche vers un autre et la « tension » de la foi qui malgré l'absence d'évidences démonstratives accueille le Messie comme source de Vie.

Ainsi, après un simple et rapide regard jeté sur les évangiles, nous voici déjà munis de plusieurs intuitions :

– le mot bonheur est peut-être trop étroit pour rendre compte de la complexité des promesses faites par notre Dieu ;

– le bonheur n'est pas incompatible avec certaines situations douloureuses et avec une certaine tension ;

– le Christ lui-même, que l'on dit « maître de bonheur » achève sa vie terrestre dans une situation de malheur horrible : celle des crucifiés ;

– le bonheur n'est probablement pas dans la plénitude figée des besoins assouvis. Alors en quoi consiste-t-il selon l'Evangile ? Pour répondre d'une façon qui reste bien en contact avec la Parole de Dieu, je choisirai de réagir en moraliste sur un texte biblique où l'on voit un homme quêter le bonheur, s'adresser pour cela à Jésus et finalement trouver… la tristesse ! Ce qui conduit du coup le Christ à faire, lui aussi, l'expérience décevante d'un amour frustré. Vous aurez deviné que je veux parler du célèbre épisode du « jeune homme riche » (Mt 19, 16-26 et parallèles), épisode qui nous donne à penser, beaucoup plus que des réflexions philosophiques abstraites, sur ce que sont les chemins de la vraie Vie.

Tiré de L. Deiss, *Synopse de Mt, Mc, Lc,* D.D.B., 1963

237. LE JEUNE HOMME RICHE

Mt 19, 16-26	Mc 10, 17-27	Lc 18, 18-27
16 Et voici : quelqu'un, s'étant approché, lui dit :	17 Et comme il se mettait en route, quelqu'un, étant accouru et ayant fléchi le genou devant lui, lui demandait :	18 Et un notable l'interrogea, disant :
« Maître, que dois-je faire de bon pour posséder la vie éternelle ? »	« Maître bon, que dois-je faire pour hériter d'une vie éternelle ? »	« Maître bon, que dois-je avoir fait pour hériter d'une vie éternelle ? »
17 Or il lui dit : « Pourquoi m'interroges-tu sur ce (qui est) bon ? Un seul est "le Bon". Or si tu veux entrer dans la vie, garde les commandements. »	18 Or Jésus lui dit : « Pourquoi m'appelles-tu bon ? Nul (n'est) bon sinon Dieu seul.	19 Or Jésus lui dit : « Pourquoi m'appelles-tu bon ? Nul (n'est) bon sinon Dieu seul.
18 Il lui dit : « Lesquels ? » Or Jésus répondit : « Ce sont : *Tu ne tueras pas.* *Tu ne commettras pas d'adultère.* *Tu ne voleras pas.* *Tu ne porteras pas de faux témoignages.*	19 Tu connais les commandements : *Ne tue pas.* *Ne commets pas d'adultère.* *Ne vole pas.* *Ne porte pas de faux témoignages.* *Ne fraude pas.*	20 Tu connais les commandements : *Ne commets pas d'adultère.* *Ne tue pas.* *Ne vole pas.* *Ne porte pas de faux témoignages.*
19 *Honore père et mère.* Et : *Tu aimeras ton prochain comme toi-même.* »	*Honore ton père et (ta) mère.* »	*Honore ton père et (ta) mère.* »
20 Le jeune homme lui dit : « Tout cela, je (l')ai observé. Que me manque-t-il encore ? »	20 Or il lui répondit : « Maître, tout cela, je (l')ai observé depuis ma jeunesse. »	21 Or il dit : « Tout cela, je (l')ai observé depuis ma jeunesse. »
21 Jésus lui répondit : « Si tu veux être parfait, Va, vends tes biens et donne(-les) aux pauvres. Et tu auras un trésor au ciel. Et viens, suis-moi. »	21 Jésus, ayant fixé son regard sur lui, l'aima. Et il lui dit : « Une seule chose te manque. Va, ce que tu possèdes, vends(-le) et donne(-le) aux pauvres. Et tu auras un trésor au ciel. Et viens, suis-moi. »	22 Or Jésus, ayant entendu (cela), lui dit : « Une seule chose encore te fait défaut. Tout ce que tu possèdes, vends(-le) et distribue(-le) aux pauvres. Et tu auras un trésor aux cieux. Et viens, suis-moi. »
22 Mais le jeune homme, ayant entendu cette parole, s'en alla attristé ; car il possédait beaucoup de biens.	22 Mais lui, devenu sombre à cette parole, s'en alla attristé ; car il possédait beaucoup de biens.	23 Mais lui, ayant entendu cela, devint tout attristé ; car il était très riche.

II. NOTES SUR L'ÉPISODE ÉVANGÉLIQUE DU JEUNE HOMME RICHE

Je ne ferai pas ici d'exégèse scientifique. Je me contenterai de lire ce texte en laissant résonner les connaissances anthropologiques et théologiques qui sont miennes. Je prendrai comme base de réflexion la version de Matthieu, mais j'utiliserai de temps à autre certains versets des textes parallèles de Marc et Luc.

«Quelqu'un s'étant approché de Jésus, lui dit: "Maître, que dois-je faire de bon pour posséder la vie éternelle?"» (Mt 19,16)

Cet homme qui interroge le Christ, on apprendra dans la suite du récit qu'il a «tout pour être heureux»: argent, considération (un *notable* en Lc), foi en sa religion qu'il observe fidèlement... Et pourtant il est insatisfait, il se sent non réconcilié avec lui-même. Bref, il a soif de vie éternelle (cette vie, pleine d'authenticité, qui dès ici-bas et au-delà de la mort se déroule avec et en Dieu). La vie éternelle! Le plus grand bien qui soit et qui procure ici-bas la paix et la joie et au-delà de la mort le bonheur sans fin! Alors, cet homme cherche quelqu'un qui puisse l'aider à faire un diagnostic sur les raisons de son mal de vivre, lui porter remède et apaiser enfin sa soif. Autrement dit, il est en quête d'un «Sujet supposé savoir et pouvoir», comme diraient les psychanalystes, et d'un Homme supposé détenir des secrets du bonheur que les autres n'ont pas vraiment.

Cette démarche me paraît typique de ce qui se passe chez la plupart de ceux qui se retrouvent devant la soif de bonheur. Qu'est-ce qui, en effet, fait surgir cette soif?

C'est l'expérience multiforme de la déception et de l'épreuve.

Déceptions venant de la prise de conscience de nos limites humaines qui, au fur et à mesure que nous prenons de l'âge, ne cessent de nous apparaître dans toute leur ampleur : nos capacités intellectuelles et relationnelles sont moindres que nous ne l'avions espéré ; notre réussite professionnelle dont nous attendions la réalisation de nous-mêmes ne tient pas ses promesses ; notre conjoint ou nos enfants dont nous pensions pouvoir être fiers en tous points se révèlent avec des défauts inattendus... La vie, disent même certains, n'est qu'une longue suite de désillusions.

Epreuves variées qui cassent parfois la belle assurance que nous avions en l'existence. Souffrances physiques et psychiques qui font naître le sentiment d'absurdité [5] et décapent profondément la foi et l'espérance qu'on a tenté de développer.

Difficultés de vivre qui proviennent non seulement de causes naturelles telles que la maladie mais aussi de causes humaines telles que l'exploitation de l'homme par l'homme : injustices, emprisonnements, persécutions...

L'horizon de la mort enfin, et peut-être surtout, qui barre toute l'existence d'ici-bas. Horizon qui plus que toute autre réalité fait sentir combien l'on est limité, fragile, destiné en nos corps à redevenir poussière...

Alors, ces multiples déceptions et pertes de sens font que l'homme malheureux éprouve le réflexe de chercher un Porteur de parole et une parole qui eux ne déçoivent pas et permettent de redonner sens à la vie.

---

5. Cf. la conférence précédente sur la souffrance.

Ce réflexe a une face positive et une autre négative:

– une face positive, en tant qu'il oblige l'homme assoiffé à se mettre à l'écoute de quelqu'un, à prendre conscience qu'il n'invente pas à lui seul son bonheur, que d'autres l'ont précédé dans cette même expérience et ont cherché eux aussi une parole vraie et un porteur de parole fiable. Déception et rupture de sens loin d'être, alors, porteuses de mort deviennent, si elles ne sont pas trop écrasantes, ce par quoi une véritable ouverture à l'autre peut commencer à s'opérer;

– une face négative, en tant que cette quête est souvent habitée par le vœu plus ou moins explicite de trouver une parole et un porte-parole qui enfin fassent faire l'économie des limites, des souffrances, de la non-évidence, voire de la mort.

C'est bien ce qui se passe chez cet homme riche de Mt 19. Il a sans doute perçu que Jésus avait une autorité qui était différente de celle de bien des scribes et des pharisiens (Mt 7,29); autorité qui lui vient de la cohérence interne de son message et surtout de celle qui existe entre ce qu'il dit et ce qu'il fait. Aussi, le réflexe de cet homme en sa phase première est-il très bon: il lui fait chercher un maître à qui l'on puisse se fier. Il y a là une belle leçon: la quête du bonheur s'évangélise d'abord par un discernement sur la qualité des porteurs de parole (des « maîtres » ou des *gurus*) à qui l'on se fie. Discernement qui doit s'opérer non seulement dans la phase initiale de la découverte du maître – phase pendant laquelle l'on est plus ou moins séduit, voire fasciné – mais aussi dans la fréquentation quotidienne et décapante de celui qui est perçu comme source de vérité humaine. On observe cela chez les disciples de Jésus, notamment chez celui qui deviendra un de ses principaux porte-parole: l'apôtre Pierre. Celui-ci est fasciné par le Christ au point de ne plus être conscient de ses limites et de s'écrier: «Dussé-je mourir avec toi, je ne te renierai pas!» (Mt 26,33). L'on connaît la suite! Il faudra que l'attachement de Pierre en passe par l'épreuve de la passion où il prend acte que l'homme Jésus est «homme en toutes choses, excepté le péché». Bien plus, pour que cet attachement devienne vraiment solide, il faudra la force de l'Esprit de Pentecôte qui fera comprendre à Pierre qu'il était «bon que le maître s'en aille» (Jn 15,7).

Ainsi la quête de l'homme riche du récit de *Matthieu* serait très bonne si elle n'était immédiatement faussée. Ce qu'il cherche, en effet, auprès de ce maître Jésus, c'est, pourrait-on dire en termes contemporains, l'idéologie totalisante et le personnage idéalisé, tout-puissant, sans failles. Explicitons.

– **L'idéologie totalisante,** c'est-à-dire un système de pensée qui a réponse à tout. Dans la version de *Matthieu,* comme le souligne la réplique de Jésus, le jeune homme interroge sur «le Bon»: «*Que dois-je faire de bon?*» comme si le jeune homme cherchait des révélations plus hautes ou plus secrètes que celles données par l'Ecriture. C'est bien le fantasme qui habite les quêtes de beaucoup de nos contemporains vers l'ésotérisme ou qui structure leur adhésion aveugle à telle ou telle idéologie, forme moderne de la gnose: là, pensent-ils, nous allons trouver des révélations étonnantes qui vont apaiser *toutes* nos angoisses, faire cesser *tous* nos questionnements.

Or Jésus casse ce fantasme et cette vision totalisante en se resituant tout à fait dans la logique de l'Ecriture: «*Seul est le Bon» (ho agathos).* Le Bon c'est Dieu. Or Dieu est mystère; Il est celui qui ne s'approche en vérité que par l'amour. Pas moyen de mettre la main dessus. Seul celui qui l'accueille en se décentrant de lui-même a quelque chance de le connaître. On est ici dans le type de pensée ouvert par le récit d'Adam et Eve en *Genèse 2*: la maîtrise totale de la connaissance du bien et du mal ou du bonheur et du malheur est interdite à l'homme parce qu'elle est illusoire. Toute créature qui prétend procurer cette maîtrise est « diabolique », c'est-à-dire brise la communication et la possibilité du bonheur. Ce qui est jugé bon sur cette terre ne peut jamais être absolutisé mais doit renvoyer toujours à une Unique Bonté.

– **Le personnage idéalisé :** dans la version de *Matthieu* et *Luc,* l'homme aborde Jésus en l'appelant *« Bon maître »*. La réponse du Christ est étonnante et a probablement dû heurter la communauté primitive : *« Pourquoi m'appelles-tu bon ? Nul bon sinon Dieu seul. »* Encore un peu et on aurait l'impression que Jésus dénie ici sa qualité de fils de Dieu. Quoi qu'il en soit, il est remarquable que la première parole du Christ adressée au jeune homme soit dite pour déjouer la tentative de devenir le père idéalisé tout-puissant et au-dessus de la Loi. D'entrée la première rencontre avec lui laisse la place libre pour la reconnaissance d'un Autre qu'il désignera ailleurs comme son Père, Celui qui est Origine de toutes les origines. Tout être humain, y compris Jésus, est soumis à la loi de ce Père. Ainsi par cette remarque si simple mais si dense, le Christ rappelle que la Vie, le bonheur n'ont quelques chances d'être trouvés que si on reconnaît Quelqu'un qui nous précède radicalement et qui excède toutes nos représentations et toutes nos attentes : Dieu [6].

6. En définitive, on retrouve ici la première table du décalogue qui au regard d'une lecture superficielle semblait absente du texte du jeune homme riche alors que la deuxième table est citée explicitement.

« Dieu seul » ; telle est donc la teneur de l'intervention de Jésus. Mais comprenons bien ! Non pas « Dieu seul doit suffire », ce qui serait proprement aliénant. La relation avec Dieu enfermerait alors dans une situation illusoire, nous détournant de la réalité humaine, conduisant à nier la bonté de la création et toute la logique de l'incarnation. Il suffit d'ailleurs de se référer une fois encore au récit d'Adam et Eve pour percevoir que Dieu n'a jamais prétendu suffire à l'homme : n'a-t-il pas créé la femme afin de sortir Adam de sa mauvaise solitude ? « Dieu seul » est à entendre comme « Dieu seul peut et doit être adoré, Dieu seul est bonté intégrale ». Trouver une telle affirmation face à notre soif de bonheur, c'est casser tous nos rêves d'un salut définitif venant de quelque *guru* que ce soit, ou venant d'une application sans faille de la loi morale.

Pourtant, cette loi, loin d'être sous-estimée par Jésus, est valorisée. Alors que le jeune homme riche s'attendait peut-être à des propositions extraordinaires de la part du Christ, il est renvoyé à quelque chose qui lui est très familier à lui qui est un juif croyant convaincu : la deuxième table du décalogue ! Les chemins du bonheur ne sont pas à chercher dans l'extraordinaire, semble nous dire ce texte, mais d'abord dans la loi morale !

Il n'y a pas de quête libératrice de bonheur, il n'y a pas d'adhésion saine à un maître quel qu'il soit, sans le passage par la loi morale et ses interdits essentiels. Avec le Christ, ce n'est jamais : « laisse tomber la loi et suis-moi », mais « garde les commandements et suis-moi » ! Ceci est peut-être à méditer de façon renouvelée aujourd'hui, tant nombre de chrétiens ont tendance à opposer l'amour et la loi par une mauvaise compréhension de l'aphorisme de saint Augustin : « Aime et fais ce que tu veux ». S'il est vrai que l'amour ne se réduit jamais à la simple observance d'un corpus de normes, d'interdits, de préceptes, en un mot de la loi, il n'existe pourtant pas d'amour sans loi. Se heurter à la loi a, en effet, des répercussions tout à fait structurantes pour la personne qui cherche à se réaliser, c'est-à-dire qui recherche la Vie.

Se heurter à la loi, c'est d'abord rencontrer des **interdits**. Et l'interdit présente beaucoup de chances d'humanisation s'il est formulé à bon escient et mis à sa juste place. Notamment il ouvre le champ des possibles et le champ de la créativité en fermant des impasses. Un exemple simple le fera saisir. Si me promenant dans une forêt avec l'un de mes enfants, j'arrive à un carrefour en étoile, deux possibilités se présentent : ou formuler positivement l'ordre de prendre un chemin auquel cas la liberté de l'enfant devient fort restreinte, ou formuler l'interdit de prendre un chemin parce qu'il est dangereux auquel cas l'enfant peut prendre tous les autres chemins. De même, le Christ en rappelant au jeune homme riche les interdits de la seconde table du décalogue, ouvre ainsi des possibilités pour sa créativité éthique. En lui désignant les chemins où sa liberté ne peut que se fourvoyer (tuer, voler, mentir, commettre l'adultère), il lui donne la liberté d'inventer les chemins de la Vie.

En outre, comme le fait remarquer le bibliste Paul Beauchamp, l'interdit a « la vertu du négatif (...), il empêche la loi d'être mercenaire. Après tout ne pas tuer n'est ni une prestation, ni un mérite ».

Soulignons enfin le paradoxe de l'attitude de Jésus : le jeune homme riche demande ce qu'il faut faire, Jésus répond d'abord par ce qu'il faut ne pas faire !

Se heurter à la loi, c'est aussi se heurter à la **durée** : noter que les commandements (en Mt) sont formulés au futur comme si on voulait nous signifier qu'on n'en aura jamais fini avec l'observance de la loi; c'est finalement chaque jour que la loi de Dieu nous est donnée. C'est chaque jour qu'elle vient révéler que nous sommes prêts à nous aliéner en usant mal des réalités les plus constitutives qui nous habitent, à savoir le souhait d'un Absolu, la violence, les pulsions sexuelles, le désir d'appropriation, la parole. La référence à la loi oblige la quête du bonheur à intégrer la temporalité, la durée, alors que bonheur et plaisir cherchent, comme on l'a vu, à oublier le temps en se perdant soit dans l'instant soit dans l'éternité.

Se heurter à la loi, c'est encore faire une épreuve de **vérité**. En effet, les interdits pointent en nous les désirs les plus pervers et ont ainsi une certaine fonction de dévoilement. Il n'y a pas de quête de bonheur qui puisse durablement se construire sur le déni de nos connivences avec ce qu'il y a de plus malsain dans ce monde. Le décalogue n'est pas réservé à la lie de la société, il est destiné à tous, à moi le premier: c'est le signe qu'en chacun de nous il peut naître des envies de tuer, de voler, d'être adultère, d'être parjure. Le chemin de la vie passe par l'humilité, par l'humble reconnaissance que chacun, que chaque société a besoin de la loi parce qu'en chacun il y a des désirs de désordre ou de contre-ordre. Mais du coup, comme le soulignera saint Paul dans l'épître aux Romains, la loi «qui fait connaître le péché» a quelque chose de désespérant par sa lucidité pénétrante. Se regarder froidement devant la loi, «ça ne pardonne pas». Aussi la loi ne pourra-t-elle rester chemin de paix que si elle est soutenue par la miséricorde, le pardon, en un mot l'amour. C'est ce que le récit de l'homme riche en *Marc* va signifier indirectement en parlant du regard d'amour de Jésus: «*Jésus ayant fixé son regard sur lui, l'aima*» (Mc 18,21).

Mais quel est le **contenu** de cette loi?

On ne peut ici le décrire de façon détaillée. Faisons simplement quelques remarques. Notons d'abord que le jeune homme, quand Jésus lui dit de «garder les commandements», demande «*lesquels?*» C'est que la loi juive comportait plus de 600 commandements! Jésus renvoie donc à ceux d'entre eux qui lui paraissent les plus essentiels, notamment à ceux de la deuxième table du décalogue: «*Tu ne tueras pas, tu ne commettras pas d'adultère, tu ne voleras pas, tu ne porteras pas de faux témoignages, honore ton père et ta mère.*» Or ces commandements, en eux-mêmes, ne sont pas propres à la seule religion juive. Les biblistes soulignent que bien des cultures environnantes les formulaient aussi. En eux donc, se trouve pointé comme quelque chose de l'ordre d'un universel humain, en tout cas d'un passage obligé pour réaliser son humanisation, son bonheur, que l'on soit croyant ou non. Examinons très sommairement chacun de ces commandements.

– ***«Tu ne tueras pas»*** (Mt 19,18). Selon la version hébraïque de la bible, il vaudrait mieux formuler: «Tu n'assassineras pas.» Dans sa forme primitive, cet interdit dénonce tout usage de la violence meurtrière qui ne soit pas régi par une référence au pacte social. Le droit de tuer ne doit jamais être privatisé, ne doit jamais être approprié par un individu sans que la société ait droit de regard[7]. Toute société qui s'engagerait dans une privatisation du droit de tuer[8] irait vers une anarchie profonde et installerait ses membres dans le mal de vivre.

7. C'est ainsi que le droit de tuer par légitime défense est toujours soumis à un regard juridique.

8. Cf. les dérives actuelles dans le domaine de l'euthanasie et dans celui de l'avortement.

Cet interdit de l'assassinat dévoile aussi une des envies les plus profondes qui nous habitent : celle de supprimer l'autre, hors de toute référence à la loi, dans la mesure où il contrecarre notre vœu de prendre toute la place. Evangéliser la soif de bonheur, c'est donc d'abord évangéliser notre violence ou notre agressivité qui peuvent nous conduire aux comportements les plus graves qui soient, comme nous le rappellent et la Croix du Christ et « l'holocauste » subi par le peuple juif. Soulignons cependant qu'évangéliser l'agressivité ne veut pas dire dénier le « mordant » qui nous habite et nous structure. C'est bien plutôt mettre ce mordant au service du développement des relations humaines et de la justice sociale. Sur ce sujet, on méditerait sans doute avec profit ce que les moralistes du passé disaient de la vertu de force, cette vertu qui permet, entre autres, de réguler la violence intérieure qui nous habite au service du combat éthique et spirituel.

– ***« Tu ne commettras pas d'adultère. »*** Même si dans sa version originale de l'Ancien Testament, cet interdit ne pointe pas d'abord une faute contre la vertu de chasteté mais dénonce les attaques contre le droit de l'époux vis-à-vis de son épouse qui est considérée comme un de ses biens (!), il n'en reste pas moins qu'il porte sur le domaine de la sexualité. Il affirme qu'une mauvaise régulation de la sexualité est un obstacle radical pour trouver le bonheur. Et peut-être même cette vision de l'Ancien Testament qui a tendance à nous scandaliser en liant si fort sexe et justice vis-à-vis du seul mari, nous donne-t-elle aujourd'hui à penser. Il ne s'agit évidemment pas de continuer à dire que la femme est la propriété du mari, mais bien plutôt de prendre conscience que les fautes sexuelles ne sont pas simplement des atteintes à une bonne régulation de la vie affective intime, mais qu'elles sont aussi des violences faites à la vertu de justice, comme le montrent d'ailleurs les drames que provoquent souvent les divorces.

– ***« Tu ne voleras pas. »*** C'est le rapport à la propriété qui est sous-jacent ici. Le texte hébraïque d'Ex 20 utilise un terme qui connote le rapt. Quoi qu'il en soit, cet interdit nous rappelle qu'il y a en nous des tendances à tout s'approprier, à tout retenir et ravir. Prendre ce qui est désiré par l'autre, tel est le désir qui reste sous-jacent, selon certains anthropologues, à toute vie sociale et qu'il s'agit sans cesse de contrôler. Pas de soif de bonheur évangélisée sans régulation de l'avidité (qu'évoque d'ailleurs le terme « soif ») et de l'envie.

– ***« Tu ne porteras pas de faux témoignages. »*** C'est le rapport à la parole, cette caractéristique essentielle de l'être humain qui est visé ici. Quand ta parole prend du poids, nous dit cet interdit – comme c'est le cas dans les procès – quand en elle se jouent la justice et la vie de l'homme, on doit pouvoir compter totalement sur ta sincérité. La communication humaine n'est possible que dans le respect de l'interdit de la falsification de la parole, surtout quand celle-ci est génératrice de vie et d'amour. Or tel est bien le cas de la parole entre époux et de la parole entre parents et enfants. Tel est aussi le cas dans des relations sociales importantes : la relation médecin-malade, la relation patron-syndicaliste, etc. La soif de bonheur ne doit jamais chercher à s'assouvir sur la perversion de la vérité. Avec ce verset, se pointe une conviction qui va se confirmer dans la suite du texte : point de bonheur sans foi en l'autre ! Point de bonheur si l'on ne peut se fier en celui qui est témoin auprès de moi de l'existence de l'amour, de la justice et du sens de la vie.

– *« Honore père et mère. »* Notons que ce commandement, à la différence des précédents, est formulé de façon positive. Autrement dit, c'est un passage obligé. Remarquons aussi que dans ce précepte, qui vient pourtant d'une conjoncture sociale marquée par une vision assez patriarcale, les deux parents sont mis sur un pied d'égalité. Les biblistes affirment que ce verset du livre de l'Exode ne peut se comprendre que par référence au rôle des parents dans la transmission de la loi de Dieu à l'intérieur de la société israëlite. Cette explication des exégètes qui s'appuie entre autres sur le fait que ce commandement suit immédiatement la première table du décalogue portant sur les rapports à Dieu, est sans doute juste ; d'ailleurs, elle attire notre attention sur le fait que les parents ont un rôle fondamental dans la transmission de la loi avec la proposition de la foi qu'elle implique : pas de bonheur sans tradition !

Mais cette vision des exégètes est peut-être trop restreinte. Il me semble qu'il y a en ce précepte de l'honneur dû aux parents quelque chose de très fondamental au plan anthropologique. Père et mère sont en effet à la fois nos deux origines terrestres et porteurs de la différence des sexes. Honorer (*timaô*) père et mère, c'est entretenir avec eux une relation qui maintienne la *juste distance* : celle qui permet de reconnaître que l'on n'est pas à soi-même sa propre origine, celle ensuite qui rappelle que nul n'échappe au devoir de prendre acte de la différence sexuelle puisqu'en elle nous sommes fondés dans l'existence, celle enfin qui permet de « quitter père et mère » (Gn 2, 24) pour trouver l'altérité de son conjoint. Dans la société actuelle, marquée par le retard de l'entrée dans la vie active et par la prolongation très forte de l'espérance de vie, ce précepte est particulièrement à retravailler de près : pas de soif de bonheur qui ne soit évangélisée sans que ne soit travaillé notre lien à nos deux origines humaines (père et mère) et sans que ce lien ne soit relativisé par notre rapport à notre Origine première qu'est le Créateur.

– ***« Tu aimeras ton prochain comme toi-même. »*** Ce verset de *Lévitique* 19 pointe le passage obligé qu'est l'amour dans la quête de la vie. L'*agapè* ! Saint Paul dira que c'est la loi dans sa plénitude (Rm 13, 10). Nous verrons plus loin que ce précepte apparemment formel, c'est-à-dire vide de contenu précis, mène, en fait, à des décisions extrêmement concrètes ! Ne retenons ici que le *« comme toi-même »*. Cette expression nous rappelle que les trois formes que prend l'amour sont inséparables pour que la quête de la joie et de la paix n'échoue pas : l'amour pour Dieu, l'amour pour le prochain, l'amour pour soi-même. Il faudrait pouvoir entrer ici dans la présentation des mouvements intérieurs, subtils et complexes, qui s'opèrent en nous par l'articulation de ces trois amours. En effet, le texte nous apprend que pour le jeune homme s'aimer soi-même ce sera se délier de ses biens en lesquels il trouve une fausse sécurité puisque, par eux, il est rendu incapable de marcher. L'amour de soi passe donc par les vrais renoncements, ceux qui délient. Je dis bien : les *vrais* renoncements, car il est des renoncements qui loin de délier rendent prisonniers. Il est des quêtes d'absolu qui sont des quêtes qui cherchent le « faux soi », un soi qui se mire dans sa pseudo-toute-puissance, dans sa condition de « parfait » au-dessus des attaches habituelles des êtres humains « ordinaires ». Très souvent les choix absolus sont ceux qui, sous une apparence de dépouillement, sont gravement narcissiques. Décidément « l'oubli *de* soi » ne contribue sainement à la quête de bonheur que s'il n'est pas oubli *du* soi réel et limité ; que s'il n'est pas miroir d'un soi en tout point « admirable » ! La soif de bonheur bien assumée est non pas un déni du narcissisme, mais un évitement de ses excès.

« Tout cela, je l'ai observé, que me manque-t-il encore ? » (Mt 19,20). Ce qui te manque c'est le manque, va répondre Jésus dans la suite du récit ! La problématique du bonheur du jeune homme est celle d'un collectionneur : quelle est (la pièce) l'action qui me manque pour que la collection de mes bonnes œuvres soit complète et qu'ainsi j'obtienne la vie éternelle ? Or Jésus va retourner complètement la situation en invitant le jeune homme à passer d'une quête de possession à un mouvement de dépossession qui l'obligera à une remise de lui-même aux seules possibilités de Dieu (v. 26). Mais auparavant, regardons en l'évangile de Marc une notation qui lui est propre.

« Jésus ayant fixé son regard sur lui, l'aima » (Mc 10,21). Ce n'est sans doute pas un hasard si un rédacteur a rajouté cette mention d'un regard d'amour de la part de Jésus. La loi est nécessaire à l'amour, avons-nous dit, mais elle peut facilement se retourner contre l'amour en faisant oublier qu'elle est au service de la rencontre entre les êtres. A l'inverse le regard d'amitié donne de l'assurance intérieure, invite à devenir disciple de l'autre, mais non instruit par la loi, il peut devenir mauvaise séduction. Et même quand loi et regards d'amour sont bien articulés, il faut prendre conscience du poids ambigü que représente un tel regard : force mobilisatrice de nos générosités, il peut devenir, si l'on n'y prend garde, renforcement de nos déceptions intérieures devant nos incapacités à répondre aux attentes supposées de celui qui nous regarde.

« Si tu veux être parfait... » (Mt 19,21). En maniant le thème de la perfection, Jésus n'est-il pas totalement en train de fausser la quête de bonheur du jeune homme et de le faire sombrer dans ce que les psychanalystes d'aujourd'hui appellent « la maladie d'idéalité » ; maladie dans laquelle la personne cherche à coïncider avec la « statue » sans défaut, statue la représentant, qu'elle a sculptée par elle-même sous le regard de l'autre? On sait combien l'accès au bonheur est souvent confondu avec l'accès à la perfection. Si tel était le cas, l'attitude de Jésus serait perverse. Or l'exégèse est ici d'un grand secours : un seul autre texte en *Matthieu* utilise le mot *parfait : « Soyez parfaits comme votre Père du ciel est parfait »* (Mt 5,48). Or tout le contexte et les passages parallèles en *Luc* montrent que la perfection de Dieu c'est précisément de dépasser une attitude qui ne respecte que les bons et les amis pour promouvoir une attitude qui aime les imparfaits (les méchants comme les bons), qui en un mot exerce la miséricorde. « Si tu veux être parfait » peut donc se traduire par « si tu veux être pleinement miséricordieux ». Et, comme on l'a dit, la miséricorde doit s'exercer aussi envers soi-même : sois miséricordieux envers tous les autres comme tu l'es envers toi. La miséricorde à la fois lucide et exigeante envers soi-même, tel est un des chemins de paix. C'est tout un sain rapport à l'agressivité, à la culpabilité et au pardon qui se profile ici.

Notons aussi que ce thème de la perfection est à mettre en relation avec le verset 26 de *Matthieu : « Qui peut être sauvé ?... Pour les hommes c'est impossible, mais pour Dieu tout est possible ! »* Autrement dit, ta perfection, ta miséricorde n'est pas au bout de ta conquête volontariste. Elle est le fruit d'une joyeuse remise de toi dans la puissance salvifique du Dieu qui marche avec toi. Une fois de plus, on trouve le thème de l'abandon comme capacité d'accéder à la paix. Merveilleuse dialectique de l'évangile du jeune homme riche : le danger de se mirer dans le don de soi et de ses biens est immédiatement évité par toute une série de notations qui pointent le nécessaire abandon de ses évidences. Si tu veux t'acheminer vers la vie, vers le bonheur, lâche prise! Mais ce lâcher prise lui-même doit se faire au cœur d'une sorte de passivité première devant le Dieu de miséricorde[9].

« Vends tes biens et donne-les aux pauvres » (Mt 19,21). L'écoute du jeune homme est par trop la seule écoute de la Loi. Jésus, Lui, parle d'abord d'écouter Dieu (le seul Bon) à travers la Loi. Mais une telle écoute serait fallacieuse si elle ne conduisait pas à écouter simultanément la « clameur des pauvres » selon la belle expression de Paul VI. L'obéissance à la Loi, l'amour de soi-même, du prochain, et de Dieu, ce sont certes de très beaux thèmes. Mais ces thèmes risquent de nous conduire à nous payer de mots s'ils ne nous amènent pas concrètement à travailler pour la justice et le partage.

La quête de bonheur s'inaugure souvent dans une souffrance du moi insatisfait de ce qu'il a déjà et qui recherche une possession absolue. Or voici que Jésus délie des biens matériels pour lier à des êtres de chair : les pauvres, ses disciples et lui-même. Il n'est pas de quête authentique de la joie qui ne fasse pénétrer des visages de pauvres dans notre univers : pauvres du travail, pauvres de ressources financières, pauvres de l'équilibre affectif ou psychique, pauvres du sens de la vie... C'est là un des critères majeurs que notre amour pour Dieu n'est pas dans l'illusion (1 Jn 3,17).

« Tu auras un trésor dans le ciel » (Mt 19,21). Admirable pédagogie du bonheur que celle de Jésus! Là où d'autres auraient demandé de laisser de côté tout intéres-

9. Cette intuition est au cœur de l'Islam = remise de soi.

sement dans l'amour, Jésus ose parler à un riche de « trésor », ce mot qui devait si fort résonner à ses oreilles. « Tu cherches un trésor, tu as raison, mais cherche-le là où il n'y a ni mites, ni vers, ni voleurs (Mt 6, 20) : dans le ciel. » Ce n'est pas à un déni de nos désirs de rétribution que s'attache Jésus, c'est à leur déplacement. La possession se transforme en espérance et du coup l'immobilité de celui qui est attaché à ses biens « immobiliers » peut se transformer en marche paisible de celui qui sait en Qui il a mis cette espérance (1 Tm 6, 17).

« Et viens, suis-moi ! » (Mt 19, 21). Ce à quoi Jésus appelle, ce n'est pas à un simple tout quitter, c'est à un compagnonnage avec lui et avec la communauté qui l'accompagne, à une « suite » ou « suivance ». On retrouve ici la même structure que dans le texte du décalogue en Ex 20. Celui-ci commence par un verset préface : « Je suis Yahvé ton Dieu qui t'ai fait sortir de la maison de servitude. » Et le décalogue ne fait que donner la charte minimale de l'exode (en peuple) à la suite de Yahvé, ce Dieu qui libère. De même, en Mt 19, les commandements formulés par Jésus constituent la charte de « l'exode » vécu en communauté, à la suite de Jésus cet homme-Fils de Dieu qui libère de la servitude des mauvais attachements.

Ce qu'implique concrètement suivre Jésus n'est pas explicité en Mt 19, si ce n'est par le partage des biens. Un autre passage de l'évangile le précise davantage (Mt 16, 24) : « *Si quelqu'un veut venir à ma suite... qu'il se charge de sa croix.* » Le mot *croix* est difficile à interpréter aujourd'hui tant il a pris pour nous des connotations diverses. En tout cas, du temps de Jésus la croix évoquait d'abord le sort des suppliciés et notamment de ceux qui s'en prenaient au pouvoir politique romain ; et peu à peu, pour la communauté chrétienne la croix évoquera la forme précise de la mort de Jésus. Dans les deux cas, c'est un rappel que la liberté que donne la suite du Christ doit savoir courir le risque de s'opposer à l'oppression et aux pouvoirs iniques d'où qu'ils viennent. Pas de chemin de paix qui ne doive traverser des moments arides, voire héroïques, des temps de combat (des « vendredis saints ») et des temps de vide ou de silence (des « samedis saints ») où Dieu semble nous abandonner. La croix est passage obligé de la quête du bonheur.

« Alors le jeune homme s'en alla tout triste » (Mt 19,22). Lui qui prétendait quêter la vie éternelle, il trouve la tristesse et en plus il frustre le Christ de son attente. Recherche ratée de la paix à cause d'une incapacité de se délier pour marcher avec Celui qui est liberté et miséricorde. Il y a dans cet épisode évangélique quelque chose de désolant : la liberté de l'homme qui fait obstacle à la liberté de Dieu !

Un tel épilogue oblige d'abord à se rappeler que nul, pas même Dieu (parce qu'il est Amour), ne peut contraindre quelqu'un à faire les choix qui le mènent à la joie et à la Vie. Il fait comprendre ensuite la parole inquiète de Pierre après ce récit ; parole qui un jour ou l'autre dans les moments d'aridité devient la nôtre parce que les évidences de nos choix se perdent momentanément : « *Nous qui te suivons, qu'aurons-nous ?* » (Mt 19,27). La réponse de Jésus est une **promesse** : « *Tu auras, en ce temps-ci, de nombreuses fois autant que ce que tu as quitté et dans le siècle à venir, la vie éternelle* » (Lc 18,30). Décidément, sur le chemin de la Vie pas moyen de faire l'économie de la foi en la promesse du porteur de parole !

Promesse à laquelle les disciples ne sauront vraiment se fier que lorsque le Christ se sera fait voir à eux, vivant de cette Vie éternelle dont Il parlait, et surtout lorsqu'Il leur aura envoyé *l'eau qui apaise toute soif* (Jn 4,13), à savoir l'**Esprit saint**. Cette eau-là, en effet, n'est pas une eau qui apaise momentanément un besoin, c'est une « eau » qui soutient la quête de Dieu, qui fait dire dans la foi : *« Jésus est Seigneur »,* qui fait s'écrier enfin : *Abba, Père !*

Evangéliser la soif de bonheur aujourd'hui, c'est continuer à boire à cette source « spirituelle » qui creuse le désir pour Dieu et pour les hommes, et par elle, se fier en la parole fragile de ceux qui avant moi y ont bu ; eux qui, à la suite de la Samaritaine de l'évangile, ont eu l'audace de dire : « *Seigneur, donne-la-moi cette eau-là, que je n'aie plus soif !* » (Jn 4,15).

CHAPITRE III

Culpabilité, sens du péché, sens du pardon

Cette conférence a été prononcée devant des mouvements d'action catholique qui s'interrogeaient, au moment du carême, sur le sacrement de pénitence[1].

Demander pardon. Démarche simple en apparence, surtout quand elle se fait dans le cœur à cœur avec Dieu hors du sacrement de pénitence. Il suffit de se mettre en présence de son Créateur, de lui avouer ses fautes et de se rendre disponible à nouveau à ses appels. Or cette simplicité extérieure de la démarche est fort trompeuse. En réalité, la demande de pardon à Dieu est une démarche non seulement souvent onéreuse – cela, beaucoup l'ont expérimenté – mais aussi toujours très complexe et surtout pleine d'ambiguïtés. Je voudrais ici mieux faire sentir les chances et les risques inhérents à la quête du pardon. Cela permettra peut-être à chacun de mieux situer le rapport existant entre le sens du péché et le sens du pardon.

---

1. Le texte original se trouve dans *Prêtres diocésains,* mars 1985, pp. 159-168.

SE SENTIR COUPABLE : UNE ATTITUDE SOUVENT AMBIGUË

Commençons notre réflexion par une évidence : pour avoir envie d'aller demander pardon il faut d'abord se **sentir** coupable. C'est justement là que commencent à surgir les ambiguïtés de la démarche de réconciliation. Les anthropologues nous ont, en effet, appris combien le sentiment de culpabilité est un des lieux privilégiés où se met à l'œuvre le vœu de toute-puissance qui habite tout homme et que dénonce si bien le récit du péché originel en *Genèse* 3. C'est-à-dire que la reconnaissance de la faute est souvent, sous une apparence d'humilité, une occasion de conforter un attachement bien peu sain à une image de soi-même, attachement que les psychologues appellent narcissisme. Essayons de comprendre en rappelant succinctement ce qu'est le sentiment de culpabilité.

Qu'est-ce que le sentiment de culpabilité ?

La nature du sentiment de culpabilité est tout à fait bien traduite par le mot français : remords. Comme le suggère ce terme, le sentiment de culpabilité est une « re-morsure » du psychisme par lui-même. Il en est comme si la personne s'agressait parce qu'elle est déçue d'elle-même à la suite de telle ou telle de ses conduites. Le sentiment de culpabilité donne l'impression d'être devant un tribunal intérieur qui exige de réparer et, en quelque sorte, de payer une amende. La culpabilité psychique met à l'œuvre, à la fois, la dimension agressive du sujet (celui-ci se « mord ») et la dimension amoureuse (il n'aime pas l'image qu'il a de lui-même après la faute). On conçoit donc facilement que, touchée ainsi dans deux de ses dimensions parmi les plus constitutives, la personne coupable va rentrer dans des stratégies psychologiques subtiles pour se réassurer et ne pas perdre la face. C'est à examiner quelques-unes de ces stratégies, en définitive narcissiques, que nous allons nous attarder maintenant.

La stratégie du déni[2] de la faute

Reconnaître que l'on a péché est pour beaucoup de sujets, pour ne pas dire pour tous, un moment fort désagréable. Il s'agit de prendre acte que l'on a préféré aliéner l'autre et soi-même plutôt que de choisir la voie de la liberté. La prise de conscience de la faute amène toujours une certaine « blessure narcissique » : « Je suis moins bon et moins libre que je ne le pensais ! » La stratégie spontanée du vœu de toute-puissance sera donc de tenter de cicatriser cette blessure en déniant l'existence de la faute elle-même : « Non, je n'ai pas commis de faute. » Ou encore : « Oui, j'ai commis une faute, mais c'était plus fort que moi, donc je n'ai pas péché. » L'écoute de notre propre expérience d'hommes coupables et la relecture de celle des autres nous font découvrir de multiples façons d'arriver ainsi au déni de l'existence du péché. Soulignons-en quelques-unes :

– **la rationalisation :** on élabore un raisonnement plus ou moins fallacieux pour excuser l'attitude immorale. Exemple : « Je trompe ma femme, mais c'est pour mieux la retrouver ensuite et aussi pour aider ma partenaire à se libérer d'inhibitions sexuelles » ;

2. Déni = refus de reconnaître l'existence d'une réalité.

– **le déplacement :** on déplace la culpabilité sur des secteurs de la vie qui ne nous touchent pas immédiatement pour éviter de regarder ceux sur lesquels on a un réel pouvoir et dans lesquels on se laisse aller à des fautes. Exemple : tel séminariste qui néglige beaucoup ses études théologiques et qui s'accusera en confession d'avoir laissé mourir de faim les enfants du Tiers-Monde ;

– **la généralisation :** tel est le raisonnement classique : « Tout le monde le fait, ça ne doit donc pas être mauvais. » Exemple : la fraude fiscale ;

– **la compensation :** on se fait l'avocat de ses faiblesses en disant qu'elles servent à promouvoir des qualités. Exemple : « C'est vrai, je suis très dur dans les relations avec mes ouvriers ou mes paroissiens, mais cela permet à mon usine ou à ma paroisse de bien tourner » ;

– **la neutralisation affective :** on emploie une expression neutre ou « morale » pour étiqueter une conduite immorale. Exemple : des « pots de vin » pour obtenir un marché vont être appelés « morale des affaires ». Ou encore la négligence de la pratique religieuse sera désignée par « je suis en recherche » ;

– **la projection :** on reporte sur une autre personne la faute qui est la nôtre ;

– **la formation réactionnelle :** on centre tout l'effort moral contre un défaut qui déplaît beaucoup et, du coup, on néglige de regarder les fautes parfois importantes que l'on commet ailleurs. Exemple : une personne qui est à l'affût de ses fautes dans le domaine sexuel et qui devient aveugle quant à sa culpabilité dans le domaine de ses devoirs professionnels ;

– **l'ajournement** de l'exécution sous prétexte d'attendre un moment moins ambigu : « Je n'ai pas voulu donner de l'argent pendant la campagne contre la faim, parce que je sais très bien que cela est très ambigu et ira en partie dans les mains de dictateurs » ;

– **la demande perverse de permission :** la personne s'arrange pour trouver un prêtre ou un personnage qui fait autorité et se couvre précisément de cette autorité pour se permettre des conduites déshumanisantes ;

– **l'invocation des conditionnements irrésistibles.** Certes, cette invocation est parfois juste mais il arrive aussi qu'elle soit un refus de reconnaître la responsabilité.

Ces quelques « méthodes » de déculpabilisation montrent à l'évidence que l'homme trouve de la résistance en lui pour se reconnaître pécheur. Comme le dit très justement Paul Ricœur, la culpabilité est souvent autodissimulante ; ce que nous rappellent sans cesse bien des passages bibliques : « Quiconque fait le mal a de la haine pour la lumière et ne vient pas à la lumière de peur que ses œuvres ne soient dévoilées » (Jn 3,20). Cette phrase de Jésus n'est-elle pas d'ailleurs illustrée et par la violence faite aux prophètes de l'Ancien Testament qui venaient dévoiler le péché des hommes et par la condamnation à mort de Celui qui est Lumière, le Christ lui-même ? On devine donc que lorsqu'un chrétien commence à s'approcher de Dieu pour se faire pardonner, sa première question devra être : « Est-ce que je reconnais l'ampleur à peu près exacte de ma faute ou est-ce que je me soumets à une méthode narcissique de déculpabilisation ? » La réponse à cette question est décisive pour la qualité de la démarche pénitentielle, et l'on verra plus loin comment elle peut être facilitée quand on a compris ce qu'est la notion théologique de péché. Mais auparavant, je voudrais souligner que la reconnaissance du péché peut encore être perturbée par une stratégie psychologique exactement contraire à celle du déni de la faute : la stratégie de l'exagération de la culpabilité.

La stratégie de l'exagération de la faute

Nous avons vu plus haut que pour beaucoup de sujets la prise de conscience de la faute amenait une « blessure » de l'image de soi. Mais curieusement, chez un certain nombre de personnes, la sauvegarde de la bonne image de soi ou du narcissisme va s'opérer, de façon très subtile, en se déclarant plus coupables qu'elles ne le sont en réalité. Essayons de comprendre pourquoi.

Tout d'abord se reconnaître pécheur, c'est simultanément se reconnaître « libre ». En effet, selon la théologie la plus classique, il n'y a de péché que là où il y a refus lucide et libre de répondre à l'amour de Dieu sur l'homme. Quand donc un homme est soumis à une réalité plus forte que lui, même si à cause de celle-ci il pose un acte objectivement déshumanisant, il ne doit pas déclarer qu'il a commis un péché. C'est précisément ici que risque de s'infiltrer une stratégie narcissique. Car enfin, il est humiliant pour quelqu'un de reconnaître qu'il a commis une transgression « malgré lui », spécialement quand cela touche à deux domaines privilégiés : celui des pulsions sexuelles et celui des pulsions agressives ! Par exemple, bien des sujets sont très humiliés de constater que, malgré tous leurs efforts, ils n'arrivent pas à bien contrôler leur sexualité. Devant une telle humiliation, le vœu de toute-puissance aura tendance à faire dire à la personne : « Ce n'est pas possible que je sois ainsi soumis(e) à mes pulsions, autrement dit que je ne sois pas maître(sse) de moi-même en toutes choses ; donc j'ai péché ! » La personne en vient alors à se reconnaître pécheresse dans tel ou tel domaine alors qu'en réalité elle est marquée par des limites. La demande de pardon dans la reconnaissance du pseudo-péché devient alors occasion de dénier ses limites de créature. Le recours apparemment humble à Dieu s'avère en fait un déni de la finitude. Ce qui, théologiquement et psychologiquement, est grave ! On voit donc qu'une démarche authentique de pénitence exige que l'on ose faire l'inventaire de ses déterminismes ou quasi-déterminismes psychiques ou sociaux ou encore que l'on ose regarder en face ce qui est de l'ordre de traits névrotiques de la personnalité.

Ainsi, la demande de pardon peut être un déni de la finitude. Mais elle peut être aussi une façon de conforter l'égocentrisme. Pour s'en rendre compte, il suffit d'être attentif au comportement de certains pénitents ou de certains sujets lors de réunions-bilans de groupes de révision de vie. On s'aperçoit alors qu'il n'est pas de meilleure façon de se mettre au centre de la conversation ou du groupe que de se déclarer grand pécheur ou fortement coupable du disfonctionnement de l'équipe de révision de vie ! Que cherche bien souvent celui qui s'humilie à l'excès ? S'entendre dire par l'autre ou par le groupe : « Tu es digne d'être aimé, tu es quelqu'un de bien. » Une certaine attention portée au texte du fils prodigue en *Luc* 15 montre d'ailleurs que l'attitude du fils illustre bien cette stratégie. En exagérant sa culpabilité : « Je ne suis même plus digne d'être appelé ton fils », il réussit à se mettre au centre de la famille à tel point que le fils aîné s'en juge exclu ! Lecture non obligatoire de la parabole, j'en conviens, mais lecture qui donne à penser, tant il est vrai que bien des demandes de pardon où le sujet s'humilie laissent transparaître une quête de réassurance excessivement narcissique qui ne sonne pas juste d'un point de vue évangélique !

On pourrait encore dévoiler quelques autres attitudes malsaines que traduit le fait d'exagérer sa culpabilité dans l'aveu à Dieu et à fortiori dans l'aveu à un prêtre. Par exemple, on pourrait rappeler que se nommer grand pécheur c'est parfois chercher à satisfaire un désir masochiste de punition. D'où la mauvaise réception de la part du pénitent des paroles sur la miséricorde de Dieu. De même, on pourrait souligner que l'aveu de choses graves à un prêtre peut être une façon camouflée de lier ce prêtre ou encore de lui faire un don pour le provoquer à un contre-don, celui par exemple d'un aveu sur lui-même. Mais les deux attitudes, d'une part du déni des limites de la volonté et d'autre part de la confortation de l'égocentrisme suffisent à faire soupçonner qu'il n'est décidément pas facile de se reconnaître pécheur avec justesse et donc de vivre convenablement la demande de pardon. Cherchons donc maintenant à percevoir comment une saine théologie peut protéger partiellement le psychisme d'user faussement de la démarche de réconciliation.

LA RECONNAISSANCE DU PÉCHÉ : UNE RECONNAISSANCE DE L'AUTRE

Déni ou exagération de la gravité de la faute, deux stratégies que la personne utilise pour tenter de sauvegarder tant bien que mal son narcissisme lors de ses transgressions de la loi morale et de l'obéissance à Dieu. Deux stratégies qui sont précisément dénoncées par le sens véritable du péché. Expliquons-nous.

Le sentiment de culpabilité, on l'aura compris en lisant les pages précédentes, est une réalité *interne* au psychisme humain. En des termes très simples, on pourrait dire que dans le sentiment de culpabilité, « cela » se passe entre moi et moi. L'autre qu'est mon prochain et l'Autre qu'est Dieu ne sont considérés que sous leurs formes intériorisées. Les conséquences objectives de mes conduites sur eux ne sont pas vraiment prises au sérieux. Or c'est justement cette *prise en compte de l'être de l'Autre* que cherche à opérer la notion chrétienne de péché. Reconnaître le péché, c'est tenter de casser l'excessive recherche de soi-même qui s'opère toujours plus ou moins dans le sentiment de la faute. S'avouer pécheur, c'est faire rentrer massivement la présence de l'Autre dans les évidences internes. Car la révélation du péché c'est toujours la révélation que la conduite peccamineuse a non seulement atteint l'autre qu'est le prochain, mais qu'elle a aussi été refus du Créateur-Sauveur qu'est Dieu. Se reconnaître « coupable », c'est souvent se mirer dans l'auto-dépréciation, alors que se reconnaître « pécheur », c'est déjà se décentrer de soi pour se reconnaître objet d'un appel de Dieu que l'on a bafoué. Ainsi, le vrai sens du péché contribue à briser l'excès de narcissisme en aidant la personne à situer avec plus de vérité l'ampleur de sa faute.

Quand le coupable a tendance à minimiser la gravité de sa conduite peccamineuse, la fréquentation de la Parole de Dieu va le remettre devant quelques convictions qui lui rappellent avec force la profondeur de l'aliénation que constitue le péché. Tout d'abord le visage de Jésus sur la Croix, défiguré à cause de la perversité des hommes, oblige à ne pas oublier que tout péché abîme le visage de l'autre, destructure les relations humaines, conduit à refuser la vérité, l'amour, la justice, et en définitive déploie une logique qui aboutit à l'oppression de l'innocent. Ensuite, la présentation par Jésus ressuscité des plaies de son corps glorieux provoque le pécheur à ne pas occulter le fait que non seulement son péché a des conséquences irréversibles que Dieu lui-même ne peut pas effacer, mais encore que la faute contre l'homme est en quelque sorte une atteinte au Créateur lui-même (Mt 25, 31 sq.). Enfin, les nombreux textes bibliques rappelant que « Dieu seul sauve » ou que seul le Christ est Celui qui rachète, acculent l'homme coupable à prendre pleinement conscience de la force paralysante du péché qui « fait faire le mal que l'on ne veut pas et qui empêche de faire le bien que l'on voudrait faire » (Rm 7). Ainsi, se mettre face à la profondeur de l'amour de Dieu qui s'est révélé en son Fils Jésus, c'est dans le même mouvement se mettre face à l'ampleur et à la gravité du péché de l'homme. Mais n'y a-t-il pas là, pourront objecter certains, un danger d'alimenter de nouveau la stratégie narcissique de l'exagération de la culpabilité en « diabolisant » à l'excès le pécheur ? Non, mais c'est à la condition de se rappeler que le chrétien ne croit pas au péché mais « à la rémission des péchés ». Autrement dit, la prise de conscience du refus d'amour pour Dieu ne peut éviter le piège de la surculpabilisation que si cette prise de conscience s'accompagne d'un vrai sens du pardon.

Le sens du pardon de Dieu : condition d'un vrai sens du péché

Il n'est pas si facile que cela d'acquérir un vrai sens du pardon. Peut-être tout simplement parce que rares sont les occasions où nous avons vraiment à pardonner. En effet, le geste du pardon n'est pas à confondre avec le don de l'excuse qui, lui, est fort fréquent et avec lequel on le confond trop souvent. Cette confusion est sans doute entretenue par des expressions de la langue française telles que : « C'est impardonnable ! » Or précisément tout est pardonnable alors que tout n'est pas excusable, puisque le pardon c'est le don d'avenir fait à celui qui n'a pas d'excuses, c'est-à-dire à celui qui a fait exprès de faire le mal, autrement dit à celui qui a péché. Alors que le don d'excuse prend acte des conditionnements de celui qui a commis l'offense (il n'a pas fait attention ou ça a été plus fort que lui), le pardon, en quelque sorte, « accuse » : il reconnaît que l'autre était bien libre de ne pas poser l'action offensante. Le pardon n'est donc pas condescendant puisqu'il ne minimise pas la liberté de l'autre en disant : « Il ne faut pas lui en vouloir ; l'erreur est humaine ! » Au contraire il prend acte de la capacité de l'homme de s'aliéner et de refuser l'amour. En définitive, le pardon ennoblit puisqu'il affirme : l'homme pécheur n'est pas une marionnette totalement soumise à ses pulsions ou à ses idéologies. Le pardon se refuse à la fausse indulgence car il est foi en la dignité de la liberté humaine. Mais alors le pardon ne peut-il pas avoir un côté redoutable s'il « accuse » lucidement ? Qui suis-je en effet pour juger mon frère ? (Rm 14,4). Le Christ lui-même sur la croix en implorant le pardon du Père pour ses bourreaux, n'a-t-il pas cherché à atténuer l'accusation de la demande du pardon en ajoutant une excuse : « Ils ne savent pas ce qu'ils font ! » C'est vrai ! C'est pourquoi le pardon ne peut être donné que par Dieu qui seul peut savoir si l'homme a vraiment péché ou que par celui envers qui un homme se reconnaît courageusement coupable.

Mais de quoi est donc fait ce pardon qui ennoblit en reconnaissant la faute ? Certainement pas de l'oubli du passé. D'abord parce qu'il y a des offenses qui ne peuvent s'effacer de la mémoire et aussi parce qu'il y a des fautes si graves qu'il est parfois bon de se les rappeler pour éviter de les laisser renaître[3]. Non, le pardon n'est pas amnésie. Il est don gratuit d'avenir à celui qui reconnaît son péché. Don d'avenir parce que celui qui pardonne, surtout quand il est Dieu, est quelqu'un qui dit au coupable : « Je ne t'enferme pas dans ta faute, je te juge capable de sortir de ton aliénation si profonde soit-elle, va, je crois en toi. » Le pardon reçu c'est donc cette réalité si étonnante d'une confiance de l'autre envers moi au moment même où il a toute raison de perdre confiance en moi. Le pardon accepté casse alors la volonté narcissique, puisque l'évidence de la possibilité d'un avenir neuf ne surgit pas de l'homme fautif mais du Dieu offensé qui aime déployer sa puissance dans la faiblesse. Etre pardonné, c'est faire la découverte proprement bouleversante qu'à l'instant même où la prise de conscience du péché invite à ne plus croire en soi-même, Dieu, lui, a toujours foi en un avenir nouveau du pécheur.

Bien plus, ce don d'avenir est gratuit ! Voilà qui renforce encore la brisure du narcissisme développé par le sentiment de culpabilité. Celui qui se reconnaît pécheur aimerait tellement présenter au minimum des belles actions qui lui mériteraient le pardon et effaceraient ainsi l'humiliation d'avoir failli à l'idéal dans lequel il s'admirait ! Or Dieu n'exige rien pour pardonner, si ce n'est que l'on veuille bien se tourner vers Lui sans humiliation et que l'on accepte de tenter d'être cohérent avec le don d'avenir qu'il nous propose. Oui décidément, le pardon de Dieu n'est pas bavard. Il ne se lance pas dans de grandes considérations exigeant que l'on s'humilie toujours plus, comme le

3. Pensons au génocide des Juifs par les nazis.

font certains parents qui ne cessent de répéter à leur enfant indigne : « Après tout ce que nous avons fait pour toi !... » Dieu se contente de dire au coupable « Ne pèche plus. Et si tu as peur de toi-même, ne crains pas ; ma force t'accompagne pour que tu retrouves le goût et la possibilité d'aimer. » Faire l'expérience du pardon, c'est faire l'expérience de la discrétion d'un Dieu qui ne manie jamais le chantage affectif. Etre pardonné, c'est en définitive expérimenter l'humilité de Dieu. C'est, du coup, être convoqué à briser le mépris éventuel de soi-même pour trouver la joyeuse humilité de celui qui reprend la bonne route en marchant avec son Sauveur.

Comme nous voilà loin des pièges autocontemplatifs du sentiment de culpabilité ! Là où le « coupable » cherche à fuir sa culpabilité, le « pécheur » ose garder les yeux ouverts sur ses connivences avec l'aliénation, sur les conséquences absurdes de la faute qui a fait rejeter comme coupable l'Innocent qui venait racheter les péchés du monde. Là où le « coupable » s'isole pour mieux se contempler dans la déception de soi-même, le « pécheur » qui se reconnaît tel devant Dieu, sort de son isolement pour découvrir la joyeuse nouvelle d'un Sauveur qui, dans la gratuité absolue, lui donne ce qu'il y a de plus précieux au monde : le talent de l'espérance, talent à développer, de par Dieu, jusqu'au centuple !

CHAPITRE IV

L'éthique chrétienne : une morale libérante

Cette conférence a été prononcée pour la première fois devant des religieuses en profession de santé, réunies en un congrès dont le thème était : « Humaniser la vie. Oser l'espérance » [1].

I. LA STRUCTURE DE LA MORALE CHRÉTIENNE

Le sujet de cette conférence est fort vaste ! Je n'ai donc pas l'intention de le traiter de façon exhaustive. Je voudrais simplement faire percevoir ici, à partir de quelques traits centraux de la foi en Christ, combien se mettre à l'écoute de la morale chrétienne peut ouvrir un chemin de liberté.

Pour aller directement au centre de notre thème, je partirai d'un dialogue bien connu de tous : celui de Jésus avec

---

1. Le texte qui a servi de base à ce chapitre a été publié dans REPSA n° 323, 1988.

un jeune homme riche (Mt 19,16-26 et par.)[2]. On y trouve en effet le questionnement propre à toute recherche éthique du chrétien: «que dois-je faire pour avoir la vie éternelle?» Telle est bien l'interrogation fondatrice de toute quête éthique en et devant Dieu. Etant dans l'insatisfaction ou dans le mal-être ou encore ayant perdu mes évidences à cause d'une tentation qui me travaille ou des mutations culturelles qui me désarçonnent, surgit en moi non seulement le «que dois-je faire?», mais aussi le «que dois-je faire pour vivre pleinement sur cette terre et même par-delà la mort?»

Or la réponse du Christ au jeune homme riche – et par son intermédiaire à chacun de nous – consiste, après lui avoir rappelé les exigences de la deuxième table du décalogue et celles de l'amour, à lui dire *« Viens, suis-moi!»*

On a là le mouvement de toute recherche chrétienne:

– d'abord une perte des évidences qui fait écouter le Christ parce que sa parole apparaît comme totalement digne de foi et traçant la meilleure voie d'accès possible à la vie éternelle;

– puis un «viens; suis-moi et allons ensemble vers et avec les pauvres» qui d'entrée recadre la quête de celui qui questionne: celui-ci s'attendait à un discours, il se trouve provoqué à un parcours dans le risque de l'inconnu et de la solidarité avec les démunis.

Telle est la logique profonde et essentielle de la morale chrétienne: se moraliser, s'humaniser, c'est par un parcours risqué, par un exode, répondre à un appel du Christ et, en définitive, à un appel du Dieu Trinitaire qu'Il révèle.

2. Cf. le commentaire de ce passage d'évangile dans la conférence du chapitre II.

Dire cela paraît très beau, mais laisse intacte la question suivante : comment savoir, moi homme ou femme du XXᵉ siècle dont l'environnement social n'a plus grand-chose à voir avec la société palestinienne du temps de Jésus, ce que me demande aujourd'hui le Christ ? En effet, si pour le jeune homme riche, le Christ était là bien visible avec son corps d'homme – son corps spatio-temporel – et pouvait entrer en dialogue direct avec lui et formuler ainsi ses désirs éthiques, pour nous la situation est fort différente ! Le Christ est aujourd'hui vivant avec son corps ressuscité ; il n'est plus dans son état spatio-temporel, il n'est plus visible avec nos yeux de chair, il n'est plus audible avec nos oreilles d'ici-bas. Comment donc savoir quels sont ses appels sur nous ? Comment distinguer ce qui est conforme à la volonté du Dieu révélé en Jésus-Christ et ce qui n'est que requête mal élucidée des vœux de notre inconscient ou des idéologies dominantes qui nous imprègnent ? Question décisive en une époque qui a pris conscience des extrêmes conditionnements de notre intelligence et de notre conscience morale !

La réponse des chrétiens tient dans cette affirmation : la saisie du désir du Christ ressuscité sur nous n'est possible que par **la médiation d'une interprétation** ; une interprétation des diverses réalités humaines dans lesquelles Jésus de Nazareth lui-même nous a dit qu'Il se rendait présent d'une présence active :

– **la ritualité sacramentelle** et spécialement la célébration eucharistique : « Qui mange ma chair et boit mon sang demeure en moi et moi en lui » ;

– **l'Ecriture :** « Qui vous écoute m'écoute. » « Ignorer l'Ecriture, c'est ignorer le Christ », disaient les Pères de l'Eglise ;

– **l'Eglise**: «Là où deux ou trois sont réunis en mon nom, là je suis au milieu d'eux»;

– **le pauvre,** l'homme démuni (le petit): «Ce que tu as fait à l'un de ces petits c'est à Moi que tu l'as fait»;

– **le Je,** quand il aime: «Si quelqu'un m'aime, mon Père et moi nous ferons chez lui notre demeure».

Ces réalités ne sont évidemment pas juxtaposées comme si elles s'ignoraient mutuellement. Elles sont articulées les unes aux autres formant une «**figure**» harmonieuse par laquelle le Ressuscité se révèle.

Le maître mot de la réflexion morale des chrétiens, c'est donc **interpréter**: la saisie du désir du Christ ne peut se faire que par une interprétation de ces divers éléments de sa «figure» perçus dans leur articulation. Cette affirmation est déjà, à elle seule, libérante parce qu'elle protège de certains pièges des morales religieuses.

1. Elle réinstaure au cœur de l'analyse éthique des situations l'humilité, car elle rappelle que c'est toujours en dernier ressort un homme qui dit: «Voici quelle est la volonté de Dieu ou l'appel du Christ sur moi.» Or un homme c'est faillible! Et une interprétation c'est parfois fragile! Si interpréter peut donc conduire à des certitudes, ces certitudes ne sont jamais du type d'une certitude mathématique mais elles sont faites d'un mélange de foi, d'intuition et de savoir. En outre, plus le discernement de la volonté du Christ va s'exercer à propos de situations concrètes, plus il sera sujet à des possibilités d'erreurs d'interprétation[3]. Par exemple, discerner la volonté de Dieu quant aux meilleures stratégies de la défense nationale d'un pays

3. Comme le soulignait déjà saint Thomas d'Aquin.

ou quant à la meilleure façon d'assumer un conflit conjugal ne conduit jamais à des certitudes absolues.

2. Elle nous rappelle que le discernement éthique qui jaillit de la lecture de ces différentes réalités n'est pas simplement le résultat d'un penser (un travail conceptuel) mais aussi d'un faire (un « travail » de solidarité et de communion). En effet, on aura remarqué que chacune des réalités de la « figure » par laquelle le Christ se rend présent aujourd'hui exige pour être convenablement interprétée, non seulement un effort d'intelligence mais également des actes et des prises de position existentielles :

– L'eucharistie, elle se « fait », elle se célèbre, elle « implique » les célébrants, les invitant à vivre dans la logique des paroles qu'ils prononcent et des gestes qu'ils posent.

– L'Ecriture, loin d'être une parole fossilisée ne peut être entendue en vérité que si on l'accueille activement.

– L'Eglise, elle s'édifie, elle se réunit peu à peu dans une communion qui doit toujours être plus développée.

– Le pauvre, il appelle ma solidarité qui seule me fait mieux percevoir qui il est et qui je suis devant et avec lui.

Bref, selon le christianisme, il faut agir, *il faut aimer pour discerner*. En fait, la saisie du désir du Christ sur moi à la fois précède et suit l'amour que j'ai pour mon frère. Si l'on a compris le christianisme pas moyen de se payer de mots : il y a un cercle vital entre l'amour pour Dieu et l'amour pour l'homme.

C'est en écoutant et en mettant en pratique ce que me demande le Christ ressuscité que je découvre ce que veut dire aimer vraiment ; mais c'est en aimant l'homme en vérité que je découvre encore mieux qui est le Christ et ce qu'Il me demande. Comme le dit merveilleusement le philosophe Emmanuël Lévinas: *« L'éthique est une optique spirituelle » ;* formule qui reprend d'une certaine façon l'affirmation de l'épître de Jean: « Qui fait le bien est de Dieu, qui fait le mal n'a pas vu Dieu » (3 Jn 11). Voir, c'est faire la justice au double sens qu'a ce terme dans la Bible: l'ajustement à la Parole de Dieu d'une part, la justice sociale d'autre part. Ceux qui discernent bien la volonté de Dieu sont ceux qui, dans l'ambiguïté des situations de l'existence, parcourent ce cercle vital entre l'amour de Dieu et l'amour des hommes. C'est pourquoi ce qui donne du discernement ce n'est ni d'abord ni exclusivement le travail intellectuel, c'est d'être « petit avec les petits » ; ce qui n'exclut évidemment pas l'exercice rigoureux de l'intelligence qui essaie de consonner avec la culture de son temps.

3. Pour élaborer une bonne réflexion éthique, il faut donc selon la foi chrétienne, bannir le **ou bien** exclusif: ou écouter Dieu ou écouter l'homme pour promouvoir le **et** qui unit et distingue à la fois: et écouter-contempler les actes de Dieu et écouter les actes de l'Homme. C'est en écoutant Dieu que je comprends l'homme, c'est en écoutant l'homme que je comprends Dieu.

Dans une deuxième partie, je vais précisément tenter de faire saisir quelques éléments de ce cercle vivifiant ; pour cela nous allons réfléchir sur quelques-uns des actes de Dieu et chercher à comprendre les provocations éthiques qu'ils nous lancent. J'ai choisi de centrer ma réflexion sur les actes les plus essentiels ; ceux que la Tradition chrétienne appelle les « **mystères** » [4] de la foi: la création, l'incarna-

4. Ce terme connote le dessein de salut de Dieu dont les profondeurs sont toujours au-delà de la compréhension que l'on en a.

tion, la croix, la résurrection et la pentecôte. On l'aura remarqué, ces mystères sont tous célébrés dans la **liturgie** et notamment dans l'acte eucharistique qui est le sommet de l'agir chrétien et la source d'où découle tout son dynamisme. Ainsi la liturgie devient source d'authenticité de la vie morale. Surtout par le fait qu'elle nous protège d'une tentation fréquente consistant à isoler une des réalités du christianisme et à construire sa vie éthique exclusivement autour d'elle. Par exemple, il n'est pas rare de voir des personnes qui bâtissent leur vie chrétienne autour du seul mystère de la Croix déconnecté du mystère de la Résurrection, risquant ainsi de tomber dans une spiritualité doloriste où l 'on se défie de la réussite humaine et où la volonté de Dieu est perçue comme contraire à toutes les aspirations spontanées de l'homme. La morale chrétienne, quand elle garde bien son lien avec la liturgie, se voit obligée de «circuler» à l'intérieur des divers mystères et, du coup, ne peut plus négliger une seule des réalités fondamentales de la foi.

II. PRENDRE AU SÉRIEUX CHACUN DES MYSTÈRES DE LA FOI [5]

1. La Création

Le mystère de la Création c'est tout d'abord l'annonce faite à l'homme que lui-même et son monde s'originent

5. On trouvera des compléments de réflexion dans X. Thévenot, *Repères éthiques pour un monde nouveau,* Salvator, 1982, pp. 158-165, et dans X. Thévenot, *La bioéthique,* Centurion, 1989, pp. 42-52.

dans un acte totalement gratuit de Dieu. Bien plus, c'est l'annonce inouïe que l'homme est fait à l'image de ce Dieu et est destiné à entrer avec Lui dans un dialogue de liberté. Ce mystère fonde donc la dignité de l'homme non pas sur les seules réalités accessibles aux sens (beauté physique, quotient intellectuel, réussite sociale, etc.), mais bien sur une réalité inaliénable, à savoir que chaque être humain est originé en Dieu, fait à sa ressemblance et soutenu dans l'existence par Celui qui est amour. Dès lors, le chrétien comprend que même l'homme le plus défiguré par l'échec, par le mal, par le péché garde une inaliénable dignité, celle qui lui vient de Dieu. Il comprend aussi que la raison la plus radicale de se fier en l'homme c'est que son surgissement dans l'existence est déjà un acte d'amour de Quelqu'un qui se révèle comme Père et qui appelle à une vie définitive auprès de Lui par-delà la mort. Cette foi en la Création enlève ainsi tout arbitraire à « l'impératif catégorique » dont le philosophe Emmanuel Kant a montré qu'il était au centre de toute vie morale; impératif qu'il a formulé, entre autres, de la façon suivante: « Traite l'humanité en ta personne et en celle d'autrui jamais simplement comme un moyen, mais toujours aussi comme une fin. »

Le mystère de la Création c'est aussi le rappel constant que l'homme et Dieu restent *distincts* en leur ressemblance même. Cela libère la religion de toute tentation de vouloir tant fusionner avec Dieu qu'on finit par perdre de vue son altérité radicale. Aucune vie mystique, aucune communion n'abolit la condition créée de l'être humain. Mais en même temps, cette prise de conscience du fait que Dieu est tout autre ne peut nous faire oublier qu'Il a voulu que nous soyons semblables à Lui, si *semblables* qu'Il a désiré faire de nous des enfants adoptifs. S'ouvre ainsi la possibilité d'une relation à Dieu qui trouve la juste distance:

ni indifférenciation (comme si la filiation adoptive supprimait la nature humaine), ni indifférence (comme si l'altérité de Dieu rendait impossible toute relation d'amour).

Le mystère de la Création c'est encore l'annonce que l'homme est *apparenté aux réalités infra-humaines,* animales, végétales, minérales. En effet, selon le chapitre II de la *Genèse,* l'homme a été modelé à partir de la poussière du sol, c'est-à-dire de ce qu'il y a de moins noble dans le monde, de ce qui colle aux pieds et dont on cherche à se débarrasser. L'homme est ainsi montré dépendant de la terre même s'il doit exercer sa maîtrise sur elle en la cultivant. La morale chrétienne va donc protéger l'être humain de toute illusion orgueilleuse où il se prétendrait totalement indépendant de son environnement. Sa maîtrise du monde – qui devient très puissante de nos jours grâce aux progrès des techno-sciences – ne sera libératrice que si elle se déploie dans la reconnaissance que l'infra-humain a droit à un certain respect parce que lui aussi a son origine en Dieu. Une raisonnable action écologique trouve ici son fondement théologique.

Simultanément, le mystère de la Création est proclamation par Dieu du pouvoir de l'homme sur son monde: «*Soumettez la terre*» (Gn 1,28). Dieu n'est pas jaloux de la créativité humaine, bien au contraire! Quand celle-ci s'exerce dans le respect des structures essentielles de la personne, quand elle évite de perturber par trop l'équilibre du monde, alors elle est une des manifestations de la liberté qui rend gloire au Créateur. S'ouvre ainsi tout un champ d'invention dans le domaine de la vie politique, économique, médicale, scientifique... Le mystère de la Création fait comprendre que la vie morale ne doit être ni toute-puissance, ni démission. Ni toute-puissance, car la liberté de l'homme est une liberté qui doit consentir à son lien avec le Créateur et avec les autres créatures. Ni démission, en ce sens que l'homme ne doit jamais abdiquer de sa responsabilité devant un ordre établi du monde, quand bien même il a la tentation de croire que celui-ci est totalement inchangeable. Ce monde n'est pas en tout point une fatalité devant laquelle il faut baisser les bras. L'honneur de Dieu, c'est de voir l'homme faire reculer le mal et faire surgir par son génie des possibilités nouvelles de s'épanouir. C'est ce qui nous est encore davantage signifié par le mystère de l'Incarnation.

2. L'Incarnation

Tout d'abord le mystère de l'Incarnation fait prendre conscience au chrétien que chercher ce que certains appellent «l'absolu de Dieu»[6] c'est être renvoyé sans cesse à des liens, à des différences, à des limites. Expliquons-nous. Très souvent notre quête religieuse et éthique s'inaugure par une volonté de faire des choix absolus, purs de tout compromis, en faveur de Dieu. Mais ce désir d'absolu est souvent piégé car il tend à faire oublier notre enracinement humain, notre condition de créature et l'ambiguïté de notre histoire. Mal régulé, ce désir peut même conduire au fanatisme et au sectarisme qui sont des tentations majeures de la religion. Or quand on adhère au mystère de l'Incarnation, notre quête d'absolu rencontre une Personne, celle de Jésus de Nazareth qui a assumé pendant sa vie sur terre et assume encore dans son état de Ressus-

6. Cette expression en sa littéralité est théologiquement fausse car, selon l'étymologie *absolu* désigne une réalité déliée de tout. Le Dieu de Jésus-Christ est un Lié et non pas un Absolu.

cité, des liens humains limités et l'ambiguïté de l'histoire de l'humanité. Jésus c'est l'*Illimité* de l'amour qui se vit dans les *limites* de la condition humaine et au milieu de ses faiblesses comme de ses grandeurs. Rencontrer le Verbe de Dieu fait chair, c'est, à sa suite, prendre goût à vivre les relations limitées qui sont les nôtres. Chercher Celui que beaucoup appellent le « *Tout-puissant* », c'est être conduit à apprécier le côté *partiel* de toutes nos relations et activités. Ainsi ne peut-on plus confondre absoluité et radicalité. L'absoluité c'est finalement vouloir être au-dessus de sa propre condition de créature. La radicalité c'est orienter de façon neuve, à leurs *racines,* tous nos choix humains en conservant bien leur poids d'humanité. La morale chrétienne conduit certes à des décisions radicales, c'est-à-dire à des décisions qui vont aux racines de l'être, mais celles-ci osent se vivre dans les compromis qu'exige toute action responsable.

L'ambiguïté du monde, voilà la demeure dans laquelle le chrétien aime habiter et travailler, car c'est là, et nulle part ailleurs, que se joue son expérience de Dieu.

L'Incarnation c'est aussi l'annonce que Dieu *ne monopolise pas l'amour* de l'être humain comme s'il était jaloux de l'amour que l'on éprouve pour autre que lui. En méditant le fait que toute réalité subsiste en Christ (Col 1, 17), le chrétien comprend que les relations humaines dans leur autonomie propre ne sont pas supprimées, mais qu'elles sont assumées et purifiées par le Verbe incarné. Très concrètement, cela veut dire que le chrétien ne doit pas s'enfermer dans le dilemme « ou aimer vraiment Dieu ou aimer l'homme pour lui-même. » Mais il doit comprendre qu'il lui faut aimer l'homme pour lui-même, en Dieu. L'amour pour l'homme et l'amour pour Dieu non seulement ne sont pas juxtaposables, mais l'amour pour Dieu soutient, purifie, traverse[7] l'amour pour l'homme. Par exemple, c'est en aimant mon conjoint **pour lui-même** que du coup j'exprime au mieux mon amour pour Dieu ; et réciproquement, c'est en aimant Dieu pour lui-même que je construis au mieux mon amour pour mon conjoint.

Quand on a compris cette logique de l'incarnation, plus moyen de construire une spiritualité de fausse fuite du monde ou de réticence radicale vis-à-vis de la culture qui est la nôtre. Certes, ce monde est marqué par le péché, comme on le dira plus loin. Mais ce monde est d'abord ce en quoi la puissance libératrice du Ressuscité se déploie pour en faire son corps. J'ai donc à apprécier et à aimer dans ma culture tout ce qui va dans le sens de la réalisation de l'homme, même si cela ne vient pas explicitement de la foi chrétienne. Par exemple, j'ai à apprécier tous les efforts que font mes contemporains non croyants pour élaborer avec les seules forces de leur raison, des repères éthiques dans le champ de l'économie, de l'information, de la politique, de la médecine, etc. Parce que je sais que le Christ est venu pour assumer pleinement la condition humaine, j'ai la conviction que *tout ce qui se commande au nom du Dieu de Jésus-Christ doit pouvoir se justifier au nom de la vérité de l'homme ; et que tout ce qui se commande au nom de la vérité de l'homme doit pouvoir se justifier au nom de la vérité de la foi chrétienne.*

Dans un monde comme le nôtre qui est marqué par le pluralisme des morales et où tant d'hommes et de femmes ignorent tout de Dieu et du Christ, cette conviction est libératrice. Elle casse, en effet, toute attitude des chré-

7. Les théologiens diraient que l'amour pour Dieu transfinalise l'amour pour l'homme.

tiens qui viendrait à être hautaine quand ils entrent en dialogue avec les non-chrétiens. Plus précisément, dans le domaine des recherches morales – pensons par exemple aux recherches sur l'éthique médicale – cette conviction permet de croire que les non-chrétiens peuvent nous apporter une part de la vérité, qu'ils peuvent nous aider à démasquer certaines déviations de notre mise en œuvre de la foi. Une morale qui garde contact avec le mystère de l'incarnation est donc une morale qui, loin de se replier frileusement sur ses positions toutes faites, prend plaisir à dialoguer avec les philosophes et les scientifiques de son temps ; persuadée, comme le dit le concile Vatican II, que « l'Eglise, gardienne de la parole divine où elle puise les principes de l'ordre religieux et moral, n'a pas pour autant une réponse immédiate à chacune (des) questions[8] » et que « les richesses cachées dans les diverses cultures ouvrent de nouvelles voies à la vérité »[9].

3. La Croix

Le mystère de l'incarnation ne doit jamais être séparé du mystère de la Croix ou de la Rédemption, sous peine de provoquer le chrétien à un optimisme naïf.

En effet, la Croix c'est d'abord l'invitation à ouvrir grand les yeux sur la *capacité de l'homme à s'aliéner,* sur sa tendance à se séparer de Dieu en se séparant de ses frères. En effet, la contemplation de Jésus, agonisant sous les sarcasmes de témoins sûrs d'eux-mêmes, montre avec évidence combien la liberté de l'homme, y compris de

8. *Gaudium et spes* n° 33, 2.
9. *Ibid.* n° 44, 2.

l'homme religieux, peut se dévoyer. Elle apporte aussi la preuve qu'une institution – ici l'institution judiciaire du temps de Jésus – peut se pervertir au point de condamner l'innocent. La morale chrétienne est donc invitée à la lucidité sur les individus et les sociétés. Elle sait qu'une des stratégies de notre liberté peccamineuse, c'est souvent de nier sa compromission avec le mal [10]. Elle reconnaît que l'exploitation de l'homme par l'homme – en quoi réside le péché – peut prendre corps dans des structures sociales et se faire passer pour l'état normal de la nature humaine, voire pour une fatalité. La morale chrétienne ose donc reconnaître que l'homme, empêtré dans le filet de ses fautes, a besoin d'un Sauveur.

Ainsi, la contemplation du Crucifié opère une démarche de vérité sur l'homme mais aussi et surtout une démarche de *vérité sur Dieu.* Car en Jésus crucifié, l'on peut découvrir jusqu'où va la passion de Dieu pour l'homme : jusqu'au risque de voir son Fils livré au vouloir perverti des hommes. La logique de l'amour nous est ainsi dévoilée : être solidaire, quels que soient les angoisses et les périls traversés, de tous ceux qui peinent sur la route de la Vie. La morale chrétienne est donc une morale qui invite à prendre des risques : risques d'être incompris, risques d'être déconsidéré ; risques d'être rejeté, persécuté ; risque même du martyre. Le Dieu sur qui l'on se repose n'est pas un Dieu de tout repos ! Bien au contraire, c'est un Dieu qui rend urgent en nous le désir d'être du côté de ceux qui souffrent. Et être de leur côté, ce n'est jamais romantique, mais oblige à affronter des moments durs, décapants, voire écrasants. Au point que « la sagesse du monde » – pour par-

10. Cf. la conférence précédente sur la culpabilité.

ler comme saint Paul – peut juger folle une telle solidarité (1 Co 1). Mais le regard de la foi saura découvrir que ce qui « est folie de Dieu est plus sage que les hommes » (1 Co 1,25).

La contemplation du Crucifié c'est aussi une invitation pour la morale chrétienne à savoir *passer au-delà des évidences premières.* Sur la croix, en effet, il n'y a rien d'autre qu'un homme au visage tuméfié, sans aucune beauté physique, vivant les tourments d'un supplice horrible ; un homme dont on pourrait à bon droit se détourner. Et pourtant, à travers cet homme défiguré, c'est la Figure même de l'Amour qui est en train de s'accomplir, cet Amour qui est « venu chercher ce qui était perdu ». Voir la beauté de l'amour là où notre regard borné ne voit souvent que chose méprisable, c'est la démarche qui est au cœur même de la morale chrétienne. Découvrir dans l'être qui apparaît « sans naissance » (1 Co 1,28) l'extrême grandeur de celui qui aime, telle est la conversion à laquelle le mystère de la Croix nous provoque sans cesse. La morale chrétienne est donc libérante parce qu'elle discerne le rayonnement de la vérité et de la bonté, là où d'autres ne voient que faiblesse et échec.

En définitive, la Croix c'est l'histoire d'une solidarité avec les méprisés qui se termine dans le mépris des foules. La conversion qu'opère l'éthique chrétienne c'est précisément de mettre les méprisés au cœur de son questionnement car elle sait que seul celui qui leur « ouvre ses entrailles » (1 Jn 3, 17) est de Dieu.

4. La Résurrection

Mystère le plus central de la foi ! Parmi toutes ses multiples implications éthiques, je n'en soulignerai que deux.

Tout d'abord, la Résurrection s'inaugure par la « perte » de visibilité d'un corps : les fêtes de Pâques commencent par le récit du tombeau vide. Le corps spatio-temporel de Jésus a disparu ! Bien plus, après la période si riche des diverses apparitions où Jésus se fit voir dans son corps glorieux à certains de ses disciples, les *Actes des apôtres* nous font comprendre à travers le récit de l'Ascension, qu'il y a une deuxième perte de visibilité. Désormais, le Christ ressuscité est à chercher à travers les médiations des sacrements, de l'Eglise, de l'Ecriture, du prochain. Aussi, la vie chrétienne va-t-elle se présenter – si j'ose ce jeu de mots – comme une quête « à corps perdu » (c'est-à-dire engageant tout l'être) d'un corps « perdu » (celui de Jésus de Nazareth Ressuscité). Dit autrement, l'existence chrétienne consiste à vivre **en** le Christ ressuscité pour que s'édifie ce que les Pères de l'Eglise appelaient le « Corps total » du Seigneur.

Deux conséquences importantes de cette vision théologique :

– il me revient par ma vie chrétienne, assumée sous l'action de l'Esprit, de *donner visibilité* à ce corps invisible du Ressuscité. La vie chrétienne est simultanément libération de chaque baptisé et édification de l'Eglise, corps du Christ. Mettre en œuvre l'éthique chrétienne, c'est casser la tentation d'individualisme et comprendre que l'intimité de la relation à Dieu et l'ouverture communautaire, loin de s'opposer, se conditionnent mutuellement ;

– la vie morale des chrétiens est bien autre chose que la seule application d'un ensemble de commandements et d'interdits. Elle est d'abord *communion* intime avec Celui qui est Vérité faite chair et, dans le même mouvement, avec tous ceux qu'Il est venu sauver. L'éthique chrétienne est libérante car elle nous libère de la sécheresse des seules lois morales en instaurant celles-ci dans le mouvement joyeux d'une Vie en Dieu.

La foi en la Résurrection instaure également un rapport de saine distanciation par rapport au monde en permettant de passer du sentiment du dérisoire au sens du *provisoire.* Il arrive, en effet, que sous le choc des désillusions apportées par la souffrance, par l'échec, par la mort prochaine, des personnes soient soudain saisies par le sentiment que tout est dérisoire, sans valeur, destiné à retourner au néant. Sentiment qui paralyse et conduit à un certain cynisme, voire à la désespérance: « A quoi bon se donner tant de mal pour vivre, puisque tout passe et tout lâche! » La foi en la Résurrection du Christ, prémices de celle de chacun, vient convertir ce regard pessimiste sur la vie; non pas en occultant la fragilité de celle-ci qui sous son mode d'ici-bas est, de fait, destinée à subir l'épreuve de la mort, mais en m'assurant que cette vie-ci – celle que j'aurais construite par la mise en œuvre de mes talents et de mon pouvoir d'aimer – sera transfigurée par la puissance de Dieu. Alors, ce qui paraît dérisoire s'avère seulement provisoire et chargé d'un poids d'éternité. Cela vaut la peine de « donner corps » à mes projets, car c'est ce corps qui, transfiguré, existera pour toujours. L'éthique chrétienne fait ainsi de nous des gens qui n'occultent jamais la mort mais qui, se fiant à la parole de ceux à qui le Christ s'est fait voir Vivant, ont l'audace d'espérer un au-delà de cette mort. S'instaure ainsi un nomadisme dans le monde qui prend au sérieux le monde. Un nomadisme, en ce sens que nous sommes ici-bas comme des voyageurs dont la cité définitive est la cité d'en haut (He 11, 10). Mais un nomadisme qui aime le monde pour lui-même, car ce monde n'est pas un échafaudage à mettre au rebut après que l'on ait sauvé sa vie, mais ce qui deviendra une « terre nouvelle » (Ap 21, 1) soumise pleinement à la liberté de l'Esprit. Le chrétien, par cette espérance réaliste, se trouve ainsi protégé et du militantisme illusoire de celui qui oublie la précarité du monde et du cynisme de celui qui pense que la mort et la mort seule est au bout de tout.

5. La Pentecôte

La Pentecôte, c'est le mystère de l'Esprit présent au cœur du monde. Or l'Esprit nous est présenté par le Nouveau Testament comme Celui qui nous fait crier *Abba, Père* (Ga 4, 6), comme Celui sans lequel nul ne peut dire « *Jésus est Seigneur* » (1 Co 12, 3), comme Celui qui vient au secours de notre faiblesse et nous fait prier comme il faut (Rm 8, 26). L'Esprit, c'est l'Amour vivant de Dieu en nous, force d'unité avec nos frères et sœurs dans la foi, et avec tous ceux qui cherchent à aimer. L'Esprit qui « renouvelle la face de la terre » (Ps 104, 30), c'est aussi une source d'une relation harmonieuse entre l'homme et le cosmos.

Aussi se laisser modeler par l'Esprit (Ga 5), comme le demande la morale chrétienne, est-ce se mettre dans une double attitude :

– une attitude de réceptivité inventive. Il y a au fondement de toute vie chrétienne authentique une sorte de « lâcher prise », de *passivité première*. C'est tout le contraire d'une attitude prométhéenne cherchant une libération à la seule force de ses poignets. La morale chrétienne est fondamentalement remise de soi à la douce force de l'Esprit. Il y a derrière cette conviction théologique une puissance de subversion considérable de toute vie ascétique ou de tout régime politique qui prétendraient conduire par leurs seules logiques à un individu ou à une humanité totalement libérés. Et pourtant cette passivité dans l'Esprit est à l'opposé d'un attentisme béat, ou d'une libération qui me toucherait sans que je n'y sois pour rien. La passivité dans l'Esprit est comme un « *travail d'enfantement* » (Rm 8,22) qui me fait participer « de tout mon cœur, de toute mon âme, de toute ma force » (Dt 6,4) à l'œuvre même du Christ. Ainsi, la compréhension du mystère de la Pentecôte fait que le chrétien s'en va « tendu de tout son être » (Ph 3,13) vers son Dieu et vers ses frères les hommes. Pourtant au secret de son cœur, il s'en va détendu, paisible, car il se remet en Celui qui l'assure de l'amour de son Père ;

– une attitude de joyeuse action de grâces. En effet, un des fruits de l'Esprit (Ga 5) est la *joie*. Cette joie qui peut surgir au cœur même des difficultés parce que l'Esprit rappelle sans cesse au chrétien que Jésus est venu pour « soulager ceux qui peinent sous le fardeau » (Mt 11,28), et pour leur donner « la vie en abondance » (Jn 10,10).

La méditation du mystère de la Pentecôte c'est enfin l'invitation à écouter tous les « spirituels » qui, eux, savent me parler de Dieu.

Saint Paul nous rappelle tout au long de ses épîtres que le propre de l'Esprit est de mener à la sainteté de vie (Ga 5) et à un bon discernement. Autrement dit, la morale chrétienne considère que les « lieux » où se trouve signifiée la volonté de Dieu sur l'homme ne sont pas simplement la Bible et le recueil de textes surgis de la grande Tradition de l'Eglise. Ce sont aussi les chrétiens et chrétiennes et même tous les hommes droits, non chrétiens, qui vivent explicitement ou implicitement sous l'action de l'Esprit. Aussi l'éthique chrétienne ne se met-elle pas simplement à l'écoute des livres sacrés ou des textes doctrinaux. Elle se rend attentive à l'expérience de ceux et celles qui dans l'ambiguïté des relations politiques, économiques, culturelles, etc., cherchent à vivre conformément au projet de Dieu sur le monde. Ce sont ces hommes et ces femmes qui ont la vraie prudence, celle qui fait poser des gestes audacieux et réfléchis conformes au désir de Dieu. Croire en la Présence de l'Esprit dans le monde c'est donc, pour tous ceux qui cherchent le Seigneur, comprendre que se mettre à l'écoute de Dieu c'est simultanément se mettre à l'écoute des hommes. C'est pourquoi celui qui met en œuvre la morale chrétienne est certes quelqu'un qui a un certain nombre de repères très fermes, de réponses bien nettes, mais aussi quelqu'un qui ose humblement dire à tous ceux qui l'entourent, même non chrétiens : « Aidez-moi à trouver le chemin de la Vie ! »

TABLE DES MATIÈRES

Achevé d'imprimer en mars 1990
sur les presses de l'Imprimerie Saint-Paul
55000 Bar le Duc, France
Dépôt légal: mars 1990
N° 1-90-016